EDITORIAL

Liebe Leserinnen, liebe Leser!

Gleich zwei Autoren haben für diesen DuMont Bildatlas New York ihr umfangreiches Insiderwissen zur Verfügung gestellt. Manuela Imre und Sebastian Moll arbeiten beide seit mehr als zehn Jahren als US-Korrespondenten in New York City. Allein schon von Berufs wegen sind sie viel unterwegs, haben vorzügliche Kontakte und kennen sich bestens aus. Das merkt man ihren Texten sofort an. Egal, ob es um Hintergründe oder Analysen geht, um die Beschreibung von Sehenswürdigkeiten und Museen oder um besondere Tipps …

Vom Foodtruck in die Geheimlounge

Sie verraten Ihnen, welche Foodtrucks am Straßenrand Gourmetküche servieren (S. 94 f), wo derzeit der beste Kaffee gebrüht wird (S. 35), welcher Jazzclub angesagt (S. 66) oder welche Shoppingtour wirklich lohnend ist (S. 45). Sie entführen Sie aber auch in eines der Speakeasys. Sie wissen nicht, was das ist? Dann geht es Ihnen wie mir bei meinem letzten New-York-Aufenthalt. Freunde nahmen mich ins PDT mit. Wir betraten einen einfachen Hot-Dog-Imbiss, steuerten für mich unerklärlicherweise auf eine dort befindliche Telefonzelle zu und landeten nach dem Drücken verschiedener Tasten plötzlich in einer stimmungsvollen Bar, eben einem der Speakeasys. Die Adresse des PDT (und anderer Geheimlounges) verraten wir Ihnen auf S. 42.

New York ist nicht nur Manhattan

Alle Besucher zieht es natürlich erst einmal nach Manhattan. Hier hat sich in den letzten Jahren viel verändert. Die Baustelle am Ground Zero gehört inzwischen der Vergangenheit an, New Yorks Skyline wurde um eindrucksvolle Neubauten bereichert, und der High Line Park hat sich zu einer wahren neuen Attraktion mit viel moderner Kunst entwickelt. Angesichts der zahlreichen Highlights in Manhattan spricht kaum jemand von den anderen New Yorker Stadtteilen, den Boroughs. Doch zumindest Brooklyn sollte man einen Besuch abstatten. Hier entwickelte sich in den letzten Jahren eine junge Szene. Brooklyn steht für Trend, Innovation und Aufbruch. Und das Herz des coolen Brooklyn wiederum ist Williamsburg. Mehr Infos erhalten Sie im DuMont Thema auf S. 108 f. Herzlich

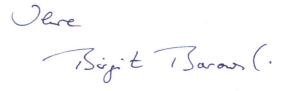

Birgit Borowski
Programmleiterin DuMont Bildatlas

„There are two sorts of people – those who have been to New York and those who haven't." *Oliwia Strazewski*

Der Fotograf **Frank Heuer** *spezialisierte sich 1995 auf Reisefotografie und wird von der renommierten Bildagentur laif vertreten.*

Sebastian Moll *lebt und arbeitet als US-Korrespondent seit mehr als zehn Jahren in New York City. Diesen Bildatlas schrieb er gemeinsam mit Manuela Imre.*

Die US-Korrespondentin **Manuela Imre** *schreibt unter anderem über Essen, Kunst und Musik. Manhattan ist seit mehr als zehn Jahren ihr Lebens- und Arbeitsmittelpunkt.*

60 Was macht der Schuh im Aquarium? Er führt ein Stillleben. Fische mag das kalt lassen, aber alle Fashionistas wissen, New York ist modisch hot & top.

80 Was wäre New York ohne Musik? Nicht annähernd so attraktiv wie es, zum Glück, immer noch ist.

71 Für Roy Liechtenstein war Kunst das, was uns alltäglich umgibt. In New York ist das eine ganze Menge.

Impressionen

8 New York, New York: Ansichten einer Stadt, die niemals schläft – aber immer gut aussieht dabei.

....

Downtown Manhattan

24 Ansturm auf die Sinne
Keine andere Stadt der Welt bietet auf so engem Raum eine so große Vielfalt an Eindrücken wie New York City. Jede Straße ist ein eigenes Universum, jedes Viertel eine Galaxie.

DUMONT THEMA
36 Blick zurück nach vorn – Manhattans neue Skyline
Auf den Terror von 9/11 folgte heftigste Trauer und viel Gezänk um den Freedom Tower, heute entwickelt sich Ground Zero endlich wieder zum spannenden Kultur- und Business-Zentrum.

40 Cityplan
41 Infos & Empfehlungen

....

Midtown Manhattan, Central Park

46 Im Zentrum der Superlative
Höher, schneller, lauter – New York kennt kein Mittelmaß, der Superlativ ist das Motto der Stadt. Midtown Manhattan versprüht diese „Alles ist möglich"-Energie besonders großzügig.

DUMONT THEMA
60 New York Chic
Sein & Design: Gut auszusehen reicht in einer Stadt wie New York nicht. Sich abzuheben von der Masse ist das Ziel. Aber auch wer einfach nur Spaß an schönen Klamotten hat, der findet hier ein Paradies aus Luxusläden, Billigshops und ausgefallenen Designerstücken.

64 Cityplan
65 Infos & Empfehlungen

UNSERE FAVORITEN

BEST OF ...

22 Die aufregendsten Rooftop-Bars
Wenn die Sonne langsam über dem Hudson untergeht, beginnt die Stadt zu funkeln. Und was ist schöner, als dieses Schimmern mit einem perfekt gemixten Cocktail zu feiern?

94 Die besten kulinarischen Hot-Spots
New York ist ein Eldorado der Gourmetköche. Das hohe kulinarische Niveau kommt auch Besuchern mit schmalerem Geldbeutel zugute.

114 Die coolsten Fitness-Spots
Sportlich wie die New Yorker: Unser Ranking verrät die coolsten Sportmöglichkeiten, die weit über das Joggen im Central Park hinausgehen.

INHALT

46 „That's the difference between you and me", sagt der von Gabriel Macht verkörperte Harvey Spector in der New Yorker Anwaltsserie „Suits": „You want to loose small, I want to win big!" – Damit trifft er auch genau den Nerv der Stadt.

Brooklyn

100 **Crossing the Bridge**
Der kulturelle Schwerpunkt New Yorks verlagert sich zunehmend über den East River hinweg.

DUMONT THEMA
108 **Im Hipster-Mekka**
Williamsburg ist das Zentrum einer jungen Stil-Avantgarde.

110 **Straßenkarte, Cityplan**
111 **Infos & Empfehlungen**

Anhang

116 **Service – Daten und Fakten**
121 **Register, Impressum**
122 **Lieferbare Ausgaben**

Museen und Galerien

68 **Hauptstadt der Kunst**
Spätestens seit dem Ende des Zweiten Weltkriegs hat sich die Stadt zum Zentrum des Weltkunstmarkts aufgeschwungen.

DUMONT THEMA
80 **Blaue und andere Noten**
Der Beat von New York reißt niemals ab. Die Musik spielt immer und überall.

82 **Cityplan**
83 **Infos & Empfehlungen**

Uptown Manhattan

86 **Take the A-Train**
Einst war die 110te Straße die scharfe Trennlinie zwischen der schicken Upper West und East Side und dem schwarzen Ghetto Harlem. Das verändert sich seit einigen Jahren.

96 **Cityplan**
97 **Infos & Empfehlungen**

DuMont Aktiv

Genießen   Erleben   Erfahren

45 **Der Mode auf der Spur**
Ein Spaziergang durch Nolita und das East Village.

67 **Sport am und im Park**
Nach Feierabend verwandelt sich der Central Park in ein gigantisches Sportgelände.

85 **Aufregende Neubauten**
Ein Architekturrundgang.

99 **I Bike New York**
Mit dem Fahrrad durch die Straßenschluchten von Manhattan.

113 **Hoch über dem Hudson**
Wandern in einer romantischen Flusslandschaft.

INHALT
6 – 7

Topziele

Die bedeutendsten Sehenswürdigkeiten New York Citys sowie Erlebnisse, die Sie keinesfalls versäumen dürfen, haben wir auf dieser Seite für Sie zusammengestellt. Auf den Infoseiten ist das jeweilige Highlight als **TOPZIEL** *gekennzeichnet.*

KULTUR

1 Freiheitsstatue: Lady Liberty steht für die Hoffnung von Millionen Einwanderern auf Freiheit und Demokratie. **Seite 41**

2 Theater District mit Times Square und Broadway: Mindestens für den ersten New-York-Aufenthalt gehört der Besuch eines Broadwaymusicals zum Pflichtprogramm. **Seite 65**

3 Metropolitan Museum of Art: Mit dem British Museum in London und dem Pariser Louvre ist dies eines der bedeutendsten Museen der Welt. **Seite 84**

4 Lincoln Center: Der Megakomplex an der 66sten Straße bietet Weltniveau in Musik und Ballett. **Seite 97**

AKTIV

5 Chinatown: Ein Spaziergang über die Märkte von Chinatown ist ein Fest für alle Sinne. **Seite 42**

6 Fifth Avenue: Windowshopping an der teuersten Einkaufsmeile der Welt. **Seite 66**

7 Brooklyn Bridge: Über die Brücke joggen – und dann am besten gleich nach Brooklyn weiter. **Seite 111**

ERLEBEN

8 Greenwich Village: Der Triumphbogen am Washington Square markiert das Tor „ins Village". **Seite 44**

9 Empire State Building: King Kong und die weiße Frau waren schon da. Und wo bleiben Sie? **Seite 65**

10 Rockefeller Center: Der Komplex bildet das Zentrum des modernen Manhattan. **Seite 66**

11 Central Park: Die grüne Lunge New Yorks muss man einfach auf sich wirken lassen. **Seite 67**

12 High Line Park: Die verwitterte Hochbahnlinie ist heute eine der Hauptattraktionen New Yorks. **Seite 83**

13 Harlem: Jenseits der 110ten Straße tut sich eine ganze Menge. Das sollte man sich nicht entgehen lassen … **Seite 98**

IMPRESSIONEN
8 – 9

New York ist eine Insel

Jedenfalls dann, wenn man mit „New York" Manhattan meint. Umflossen wird Manhattan von den Flüssen East River (im Bildvordergrund) und Hudson River. Die vom One World Trade Center überragte Südspitze Manhattans ragt in die Upper Bay, in der sich das Süßwasser mit den salzigen Fluten des nahen Atlantiks mischt.

Am Puls der Stadt

Das One World Trade Center (1 WTC) ist mit 541 Metern Höhe nicht nur der höchste Wolkenkratzer der Stadt, sondern auch der Vereinigten Staaten. Von der Aussichtsplattform (One World Observatory) in 381 Metern Höhe hat man einen atemberaubenden Panoramablick auf die Stadt und kann sich am (hier in der Bildmitte zu sehenden) „City Pulse", einem interaktiven Skyline-Führer, zu dem auch ein Ring aus HD-Monitoren gehört, Fragen zu den umliegenden Sehenswürdigkeiten beantworten lassen.

IMPRESSIONEN
12 – 13

Grüne Oase mitten in Manhattan

New York erfindet sich ständig neu. So auch hier: Wo zwischen den Jahren 1934 und 1980 Güterzüge fuhren, erstreckt sich dank des Engagements der Bürgerinitiative „Friends of the High Line" eine grüne Oase im urbanen Alltagsgrau – von der Gansevoort Street im Meatpacking District bis zur 34sten Straße an der West Side.

Mittendrin

Schwer vorstellbar, dass hier, an der Kreuzung von Broadway und Seventh Avenue, um das Jahr 1900 herum nicht viel mehr zu sehen war als ein paar Pferdeställe und Scheunen. „Longacre Square" hieß der Platz damals; den Namen „Times Square" bekam er erst im Jahr 1904 zu Ehren der inzwischen weitergezogenen „New York Times", die hier ein Bürohaus errichtete.

IMPRESSIONEN
14 – 15

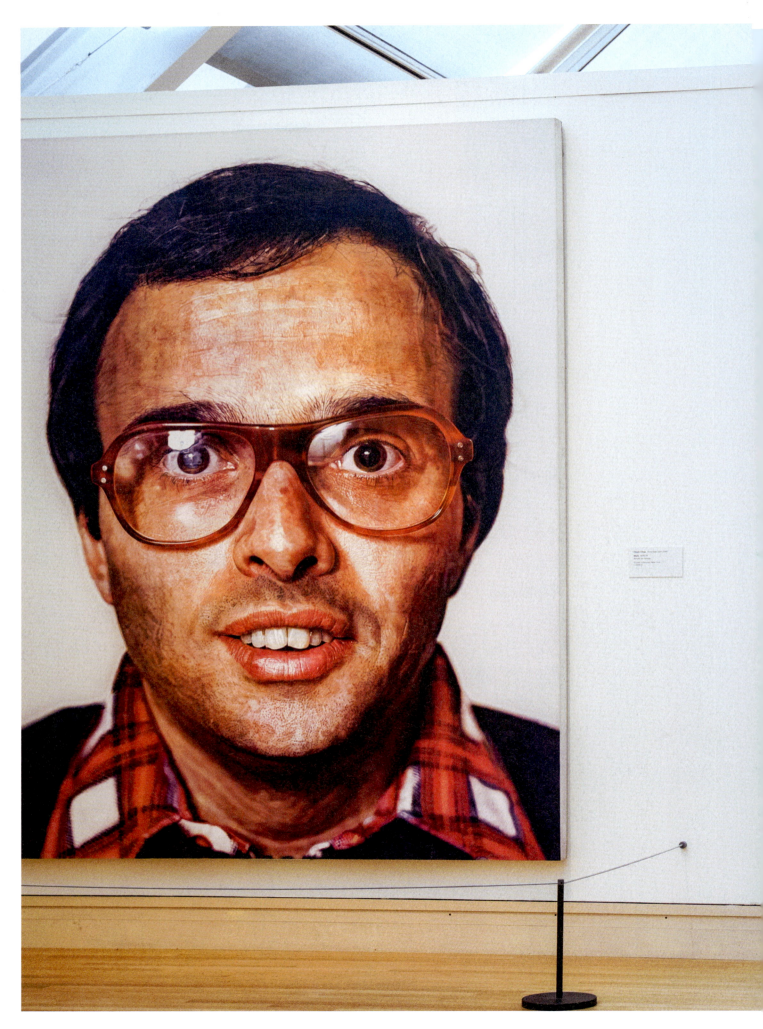

Kunst kommt von ...

... Gönnen, und in New York gönnt man sich eine ganze Menge: Das Metropolitan Museum of Art etwa (hier mit Chuck Closes „Mark", einer unbetitelten Skulptur von Joel Shapiro und einem Maoporträt von Andy Warhol) gehört zu den bedeutendsten Kunstmuseen der Welt.

Vom Leben auf dem Dorfe

„Little Bohemia" wird das West Village – der westliche Teil von Greenwich Village in Downtown Manhattan – auch genannt, und dass ausgerechnet die knapp 8,5 Millionen Einwohnern Herberge bietende Stadt New York in ihrem Inneren oftmals etwas Dörfliches hat, macht ja gerade ihren Reiz aus.

Ganz schön funky!

Musik liegt in der Luft: Das gilt für ganz Manhattan, in besonderem Maße aber für den im Jahr 1658 nahe der heutigen 125sten Straße von Peter Stuyvesant gegründeten Handelsposten „Niew Haarlem". Heute vermischen sich hier die blauen Noten von Cole Porter und anderen Größen des Jazz mit den heißen Rhythmen von Rappern wie Jay-Z, Nas und Rakim oder weiblichen Stars der Szene wie Beyoncé und Alicia Keys.

UNSERE FAVORITEN

Die aufregendsten Rooftop-Bars

Drinks mit Aussicht

Wenn die Sonne langsam über dem Hudson untergeht, beginnt die Stadt zu funkeln. Und was ist schöner, als dieses Schimmern mit einem perfekt gemixten Cocktail zu feiern? Denn wo anderswo Erdnüsse als Bonus gereicht werden, gibt es in diesen lässigen New Yorker Rooftop-Bars die Skyline als atemberaubende Kulisse gratis dazu.

1 230 Fifth

Das Empire State Building ist in greifbarer Nähe, eine leichte Brise weht selbst an den heißesten Tagen über die großen Palmen der imposanten Dachterrasse mit Panoramablick. Im Winter wird es dank der roten Ausleih-Kapuzen-Mäntel und einem heißen Grog schön kuschelig – und das alles immer im Schein der weltbekannten Architekturikone.

230 Fifth, 230 Fifth Avenue, nahe 27th Street, Tel. 212 725-43 00, www.230-fifth.com

2 Press Lounge

Der 360-Grad-Blick wird ein wenig von den schicken After-Work-Leuten abgelenkt, die hier mit einem Passion-Fruit-Martini oder Cuba Libre lässig den Feierabend feiern. Das People-Watching ist am langen Pool sitzend besonders spannend – wenn da nicht auch noch Hudson, Times Square und Lower Manhattan wären. Bei so viel Spannendem für die Augen reicht ein Martini selten aus, um sich so richtig sattzusehen.

Ink48Hotel, 653 11th Avenue, nahe 48th Street, Tel. 212 757-22 24, www.thepresslounge.com

UNSERE FAVORITEN
22 – 23

3 La Piscine

Schon die Fahrt zur Bar im 10ten Stock des Hotel Americano ist ein Erlebnis: Im externen Glasaufzug geht es nach oben. Dort wird man mit einem herrlichen Blick über Chelsea, einem Spezialcocktail oder einem Glas hauseigenen Mezcal belohnt. Auch eine Abkühlung im schicken Pool ist möglich, ein Zugangspass für Nicht-Hotelgäste kostet allerdings 40 Dollar. Das funkelnde Empire hinter der Theke gibt es als Postkartenmotiv aber kostenlos!

La Piscine, Hotel Americano, 518 West 27th Street, Tel. 212 525-00 00, www.hotel-americano.com

4 SixtyFive Bar

Ein bisschen Art déco, eine Brise Luxus und die volle Ladung Skyline – der Rainbow Room ist eine Legende des New Yorker Nightlife. Aber das ist längst noch nicht alles: Mit der letzten Renovierung wurde der Bar eine Terrasse angefügt. Im luftigen 65sten Stock des Rockefeller Center schmecken die Kreationen des Cocktail-Fachmanns gleich noch etwas exzentrischer.

SixtyFive Bar, 45 Rockefeller Plaza, Tel. 212 632-50 65, www.rainbowroom.com

5 Le Bain

Ja, die Schlange ist lang, vor allem am Wochenende. Doch das Anstehen lohnt sich, ob man nun wegen der Aussicht, der Cocktails oder der Partygänger kommt – haben kann man hier alles. Auf zwei Stockwerken wird getanzt, getrunken, geredet: Im unteren Teil lädt ein Pool am Fenster zur Abkühlung mit Aussicht ein, auf der Terrasse darüber gibt es den heißesten Blick auf Lower Manhattan.

Le Bain, Standard Hotel, 444 West 13th Street, Tel. 212 645-7600, www.standardhotels.com/highline/food-drink/le-bain

6 Sky Room

Gemütliche Lounge-Sessel, gedimmtes Licht und Live-DJs – über den Dächern von Hells Kitchen geht es heiß her, sobald die Sonne mit dramatischem Farbenspiel im Hudson versinkt. Der Sky Room hat mit einer Nord- und einer Südterasse aber auch genug Ausweichmöglichkeiten für ein entspanntes tête-à-tête im Glanz beleuchteter Hochhäuser: Die privaten Cabañas versprechen Romantik pur.

Sky Room, 330 West 40th Street, 212 380-11 95, http://skyroomnyc.com

Ansturm auf die Sinne

Keine andere Stadt der Welt bietet auf so engem Raum eine so große Vielfalt an Sinneseindrücken wie New York City. Jede Straße ist ein eigenes Universum, jedes Viertel eine Galaxie. Am besten erlebt man die Stadt, wenn man sich ganz ihren Brüchen und Kontrasten hingibt.

Unterwegs auf der Brooklyn Bridge in Richtung Downtown Manhattan: „New York City, here I come."

Unterwegs mit der Staten Island Ferry zur Südspitze von Manhattan: „Und in der Mitte taucht es auf, das hochgekrönte, von Schiffen gesäumte, moderne, amerikanische, doch seltsam orientalische, V-gestaltige Manhattan …" (Walt Whitman)

Blick über den City Hall Park auf das Municipal Building, ein in den Jahren 1907 bis 1914 errichtetes Verwaltungsgebäude der Stadt.

Im Financial District: „Success is a Job in New York." (Andy Warhol)

Lady Liberty wacht im Hafen: seit dem Tag ihrer Einweihung am 28. Oktober 1886.

Wasserspiele im Battery Park, an der Südspitze von Manhattan: Von hier aus starten auch die Fähren zur Freiheitsstatue auf Liberty Island.

„Dass New York auf Inseln gebaut ist wie Venedig, das merken nur noch die Autofahrer, wenn sie über oder unter Wasser in die Stadt einfahren."

Sabina Lietzmann

Noch ist die Sonne nicht im Hudson versunken, noch glüht der Himmel über dem unteren Manhattan blutorange dem Ende eines strahlend schönen Herbsttages entgegen. Doch im Stonewall Inn an der Christopher Street geht es bereits hoch her. Über die Bühne am Ende des gedrungenen Raums stakst in Pfennigabsätzen und Netzstrümpfen ein langbeiniger Transvestit, der sich „Violet Vendetta" nennt. Als er sich aufreizend die Federboa über die Schulter schnickt und mit den Hüften wackelt, bricht der Schankraum in laute Euphorie aus. In Ledermontur gekleidete Gestalten klopfen mit ihren mächtigen Pranken auf die Theke und prosten sich begeistert mit Dosenbier zu.

Hier im Stonewall Inn hat alles angefangen. Es war der 28. Juni 1969, als wieder einmal eine Gruppe New Yorker Polizisten in das Lokal gestürmt kam, um die Gäste zu drangsalieren. Ausweise wurden kontrolliert, Männer in Frauenkleidern und Barkeeper verhaftet. Doch diesmal wehrten sich die Gäste des Stonewall, es kam zu einer Schlägerei, die sich zur dreitägigen Straßenschlacht ausweitete. Das war der Beginn der US-amerikanischen Schwulenbewegung, die erst vor einigen Jahren in der Anerkennung der Schwulenehe in New York ihren jüngsten Triumph fand. Heute ist die Christopher Street schon lange kein Schlachtfeld mehr, sondern ein weltweites Symbol von Gay Pride. Und anders als damals beschützen die Polizisten heute die Szene eher vor Übergriffen, als diese zu schikanieren.

Der Himmel über New York

Wenn man vom Stonewall Inn auf der Christopher Street in Richtung Hudson geht und links in die Bedford Street einbiegt, eröffnet sich abrupt eine andere Welt. Kopfsteinpflaster und alte Messinglaternen versetzen einen ins 19. Jahrhundert zurück. Alte Linden zieren die Gasse, Brownstones und sogar Fachwerkhäuser erinnern an die Zeit, bevor sich die ersten Wolkenkratzer dem Himmel über New York entgegenreckten. Ein elegantes Abendpublikum sitzt in schicken Eckbistros wie dem The Little Owl oder dem Blue Ribbon. Vor dem Cherry Lane Theater, einer kleinen aber feinen klassischen Bühne in einer winzigen Seitenstraße, wartet eine Gruppe in Abendgarderobe auf die Aufführung.

Der Kontrast zwischen der Christopher und der Bedford Street ist einer jener scharfen Brüche, die New York schon immer ausgemacht haben. Man findet sie überall, wenn man durch die Stadt geht, ob man nun den Äquator der 110ten Straße nach Harlem, in die Hauptstadt des schwarzen Amerika, überquert, in Brooklyn vom Hipsterviertel Williamsburg in den jüdisch-orthodoxen Teil des Kiezes hinübergleitet oder etwa an der 155sten Straße vom eleganten Hamilton

An der Wall Street: Obwohl der Straßenzug zum Inbegriff des internationalen Geldhandels geworden ist, residiert die Börse nicht dort, sondern zwischen Wall Street und Exchange Place an der Broad Street.

Demonstrant der Protestbewegung Occupy Wall Street vor der Chase Manhattan Bank in der Nassau Street: Die Guy-Fawkes-Maske symbolisiert anonymen Widerstand gegen die Tyrannei.

Blick auf die New Yorker Börse: Das Finanzzentrum der Welt verbirgt sich hinter einer neoklassizistischen Fassade – und verlagert sich immer mehr vom Parkett in virtuelle Räume.

Börsenoptimismus verbreiten soll der „Charging Bull" von Arturo Di Modico am Bowling Green, dem am 12. März 1733 eröffneten ersten öffentlichen Park in New York.

Heights in das dominikanische, von Merengue beseelte Washington Heights driftet: New York ist ein permanenter Ansturm auf die Sinne, der ebenso berauscht wie erschöpft.

Die Ordnung der Dinge

Simeon De Witt, John Rutherford und dem New Yorker Gouverneur Morris hätte dieses Chaos ganz und gar nicht gefallen. Als die drei Männer 1811 den Generalplan für die Bebauung von Manhattan anfertigen ließen, strebten sie vor allen Dingen nach einem: Ordnung. Das Grundprinzip ihres Originalplans war jenes Raster, das schon die Römer benutzt hatten, damit ihre Legionäre sich in den kolonialen Siedlungen auf Anhieb zurechtfinden konnten. Doch die Größenordnung, in der hier für die Stadt New York ein Netz aus regelmäßigen Quadranten über eine noch unerschlossene Landschaft gelegt wurde, hatte es bis dato noch nie gegeben.

Damals war New York noch eine kleine Ansiedlung am Südzipfel von Manhattan. Nördlich der heutigen Canal Street bestand sie weitestgehend aus Farmland. Harlem etwa war noch ein Dorf, eine gute Tagesreise entfernt. Gerade einmal 96 000 Menschen lebten damals in der Stadt. Doch die Bedeutung des Seehafens New York wuchs ebenso rapide wie die Bevölkerung. Deshalb fassten Rutherford, De Witt und Morris ihren Plan. Ein wenig nördlich der Canal Street, auf Höhe der heutigen Houston Street, wurde ein Strich quer über die Insel gezogen. Von hier aus teilten sie die Insel bis zur heutigen 155sten Straße in 2028 gleichmäßige Parzellen auf. Zwölf Avenues gliederten das Land in Nord-Süd-Richtung, 156 Straßen in Richtung Ost-West. Hügel, Täler, Felsen, Gewässer, Bauernhöfe – sie alle waren nur Stolpersteine auf dem Weg zur Verwirklichung der großen kartesianischen Vision.

Nüchtern betrachtet sollte mit der so über die Fläche Manhattans gelegten Matrix schlicht der Verkauf und die Bebauung der Grundstücke erleichtert wer-

Chinatown: Vivi-Bubble-Tea-Stand im
Kaufhaus Kam Man (49 Bayard Street).

Eines der schmalen, zur Straße hin offenen Fischgeschäfte an der Canal Street,
in denen das Angebot des Tages auf Bergen von Eis drapiert wird.

Subway-Eingang zur Haltestelle Canal Street. Die chinesische Enklave in Downtown Manhattan,
in der rund 200 000 Chinesen wohnen, ist heute die größte asiatische Siedlung außerhalb Asiens.

Marktstand an der Canal Street: Manhattans in den 1870er-Jahren entstandene Chinatown ist längst über das damalige Areal hinausgewachsen und nun eine Stadt in der Stadt.

den, um so die Vermarktung der rasant wachsenden Stadt möglichst reibungslos vonstattengehen zu lassen. Für den niederländischen Architekten Rem Koolhaas aber handelte es sich dabei um viel mehr – um den ungeheuerlichsten prognostischen Akt in der Geschichte der westlichen Zivilisation: „Die Bevölkerung war eine Projektion, die Gebäude waren Phantome, die Aktivitäten, die zwischen ihnen stattfinden sollten, existierten nicht", schrieb Koolhaas in seinem Manifest „Delirious New York".

New Yorker Delirien
New York war, so Koolhaas, eine Geisterstadt der Zukunft. Die Planer glaubten, enge Parameter für das geschaffen zu haben, was Manhattan einmal werden würde. Das Raster, schrieben sie, werde rechtwinkelige Gebäude produzieren: billig zu bauen und praktisch zu bewohnen. Manhattan sollte eine durch und durch rationale, monotone Stadt werden. Stattdessen entwickelte sich auf dieser Insel das größte urbane Chaos der westlichen Hemisphäre. Das Raster verhinderte die Planung kompletter Viertel oder Bezirke, wie sie etwa Baron Haussmann für Paris anlegte. Der Gestaltungsspielraum der Stadt blieb auf ihre Grundeinheit beschränkt: den Block. Und beinahe jeder Block von Manhattan bildet ein eigenes Universum, mindestens aber ein eigenes symbolisches System. Das Rockefeller Center etwa symbolisiert die Idee einer autarken Stadt in der Stadt, das Empire State Building verkörpert das nackte, kaum zu kontrollierende Unbewusste der technisierten Moderne, die zeigen will, was sie kann. Das Dakota Building und das Waldorf Astoria waren zu ihrer Zeit Visionen des Wohnens und Lebens in einer damals noch fern scheinenden Zukunft, die UNO sollte die reine Vernunft einer aufgeklärten Menschheit verkörpern, die Radio City Music Hall nicht bloß für Entertainment stehen, sondern Unterhaltung und Massenkommunikation revolutionieren.

Ein Nebeneffekt des Rasters ist, dass New York keinen zentralen Marktplatz hat, um den herum sich das Leben schart, oder repräsentative Gebäude, auf die man zulaufen kann wie auf das Kapitol in Washington, den Elyséepalast in Paris oder das Kolosseum in Rom. Es gibt nur eine Abfolge von gleichberechtigten Biotopen mit scharfen Trennlinien: New York, so scheint es, ist ein durch und durch demokratischer Ort, auch wenn das urbane Raster, von Block zu Block, von Viertel zu Viertel, harsche kulturelle und ethnische Brüche zur Folge hat. Die moderne Stadt, so lehrt uns Manhattan, ist nicht anders zu begreifen denn als fragmentierte Erfahrung wie der Jazz in der Musik, die Collage in der bildenden Kunst oder die Vielfalt der Stimmen und Perspektiven in der modernen Literatur.

In Manhatten entwickelte sich das größte urbane Chaos der westlichen Hemisphäre.

Andere Stimmen, andere Räume
Keine Viertelstunde von der Bedford Street entfernt meint man, auf einem anderen Kontinent angelangt zu sein. Entlang der Grand Street wird kaum noch ein Wort Englisch gesprochen, selbst die Straßenschilder sind in Mandarin. Keine 200 Schritte weiter in Richtung Nordosten wechselt die Szenerie erneut. Jetzt sind wir mitten auf der Lower East Side, die sich eine junge Boheme im Verlauf der vergangenen 15 Jahre erobert hat.

An der Nordseite des Washington Square Park, am Beginn der Fifth Avenue, erhebt sich ein Triumphbogen, der zwar zu Ehren des ersten Präsidenten der Vereinigten Staaten, aber gleichwohl zunächst nur aus Holz und Pappmaché errichtet wurde. Später ersetzte man ihn dann durch ein marmornes Monument, was dem Ruhme George Washingtons schon eher gerecht wird.

Manhattan hat kein Zentrum, sondern viele – und dörfliche Idyllen wie hier vor den Straßencafés an der Sullivan Street in SoHo.

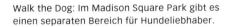

Walk the Dog: Im Madison Square Park gibt es einen separaten Bereich für Hundeliebhaber.

Flat is beautiful: Die (an ein altes Bügeleisen – Flatiron – erinnernde) Form verdankt das Flatiron Building seiner Lage an der Kreuzung von Fifth Avenue, Broadway und 23ster Straße.

Have a nice day: Flohmarkt am Union Square. Der Name des Platzes bezieht sich auf die Vereinigung (Union) der Straßen Broadway und Bowery.

Die Adresse als Name: Das „88 Orchard" (Street) serviert Specials wie „Southwestern Turkey Club", „Blue Cheese and Apple" und „Coffee Iced Mint Java Julep".

Pioniere der Kaffeehauskultur

Special

Der Trend zur guten Bohne

Die Zeiten, in denen frustrierte Kaffeeliebhaber in New York auf Tee umsteigen mussten, sind vorbei.

Denn es gibt sie, die aromatische, dampfende Tasse. Mittlerweile muss man dafür auch nicht mehr bei Ketten wie Starbucks anstehen, sondern kann sich in kleinen, schicken Coffee Shops prima den Nachmittag vertreiben. Die neue New Yorker Kaffeehauskultur lässt allerorten individuelle Lädchen aus dem Boden sprießen, die mit Liebe dekoriert und mit Euphorie geführt werden. Die Bohnen kommen aus fairem Handel, sind minutiös geröstet und werden je nach Belieben unterschiedlich zubereitet. Joe Roasted Coffee ist für seine „Dripping"-Prozedur bekannt, La Colombe Torrefaction für kräftigen Espresso, und Blue Bottle beeindruckt mit Siphonmaschinen, einer Vakuummethode.

Geradezu Kult ist der herbe Kaffee von Indie-Röstern in Brooklyn, den man am besten in der schicken Lobby des Designhotels Ace genießt. Manch einer geht in seiner Begeisterung für die perfekte Tasse sogar so weit, ein ganz neues Brühsystem zu entwickeln. Einer davon ist Jack Mazzola. Bei Jack's Stir Brew in Greenwich Village wird das Kaffeepulver gleichmäßig gerührt, sobald heißes Wasser durchfließt. Das Ergebnis: kräftiger Geschmack und die Bestätigung, dass New York seinen alten „Brühwasser-Kaffee"-Ruf zu Recht los ist.

Jack Mazzola von Jack's Stir Brew Coffee

Nacht über Manhattan

Vor der Arlene's Grocery in der Stanton Street, einem einstigen Gemischtwarenladen und heutigen Musikclub, lungern Mittzwanziger in Röhrenjeans und karierten Flanellhemden herum, rauchen eine Zigarette, bevor der nächste Set beginnt. Aus dem Pianos, einer Musikkneipe an der Ludlow Street, kreischen laute und schrille Gitarrenklänge.

Die Nacht legt sich auf das untere Manhattan, und nun hat man die Wahl, ob man gleich auf den Spuren von Stars wie Lady Gaga oder Norah Jones, die hier ihre Weltkarriere begannen, in die Clubszene der Lower East Side eintauchen möchte oder erst mal bei Katz's an der Houston Street, einem Überbleibsel der alten jüdischen Lower East Side, ein Pastramisandwich verdrücken soll.

Wir könnten allerdings auch zuerst in der Mulberry Street, der Hauptstraße des benachbarten Little Italy, einen doppelten Espresso trinken, um uns für den Abend zu rüsten, oder einen Salty Plum Old Fashioned Cocktail im Mr. Fong's, einer Mischung aus Dive Bar und schicker Lounge auf der Market Street. Doch ganz gleich, wofür wir uns entscheiden – es tun sich Welten auf. Dabei ist das Karree hier im Südosten von Downtown Manhattan nur ein winziger Teil des unerschöpflich vielfältigen Big Apple.

DUMONT
THEMA

ARCHITEKTUR AM GROUND ZERO

Blick zurück nach vorn – Manhattans neue Skyline

New York wurde vom Terror tief in seinem Herzen getroffen. Auf heftigste Trauer folgte jahrelanges Gezänk um den zunächst noch so genannten Freedom Tower. Seit einigen Jahren ist die Baustelle am Ground Zero endlich beseitigt, die Skyline hat einen neuen Blickfang: das 1 WTC. Die Gedenkstätte ist bereits ein Touristenmagnet, darum herum erwacht ein ganzes Viertel zu neuem Leben.

Dort, wo einst die berühmten Zwillingstürme emporragten, stürzen heute Wassermassen symbolisch neun Meter in die Tiefe. Das 9/11-Memorial wurde im Jahr 2011 feierlich eröffnet, genau zehn Jahre nach den Terroranschlägen. Eingebettet in einen kleinen Park mit Eichenhainen, kennzeichnen die beiden grau schimmernden Becken wie „Fußabdrücke" den Standort der ehemaligen Wahrzeichen. Rund um die Gedenkstätte sind die Namen der fast 3000 Opfer in Bronze graviert. New York hat einen Weg gefunden, das Geschehene unvergessen zu machen, ohne dabei im Pathos zu versinken.

Hoch, höher, am höchsten

Die Stadt hat genug getrauert. Man will endlich nach vorne blicken und den Ground Zero vom Etikett der ewigen Baustelle befreien. Über eine De-

Blick über den East River auf die sich stetig wandelnde Skyline der Stadt mit dem damals noch im Bau befindlichen One World Trade Center. Rechte Seite: Frank Gehrys im Jahr 2011 fertiggestellter Beekman Tower.

kade lang wurde geplant, gebohrt, gebaut und vor allem viel gestritten. Dreizehn Jahre später war die Lücke in der Skyline wieder geschlossen: In Lower Manhattan ragt seit 2014 das höchste Gebäude der Metropole in den Himmel, der Freedom Tower. Exakt 1776 Fuß (541,3 Meter) ist der schlanke Glas-

turm hoch und erinnert mit dieser Zahl an das Jahr der Unabhängigkeitserklärung. Das 9/11-Museum ist bereits ein Touristenmagnet, ebenso wie das Ende 2016 eröffnete WTC Transportation Center des spanischen Architekten Santiago Calatrava. Unter den weißen Flügeln seines beeindrucken-

DOWNTOWN MANHATTAN
36 – 37

Memento mori: In den Beckenrand sind die Namen der Ermordeten von 9/11 eingraviert (links; darunter eine Gesamtansicht des Areals mit dem sich zwischen den beiden Pools erhebenden Memorial Museum). Rechte Seite: Im Inneren des Museums.

den „Oculus" lädt eine riesige Mall zum ausgiebigen Shopping ein.

Mehrere weitere Bürotürme auf dem Gelände sind inzwischen bezugsfertig. Und der Freedom Tower – nach einigem Gezänk inzwischen schlicht nach seiner Adresse in One World Trade Center (1 WTC) umbenannt – hat mit dem Medienkonzern Condé Nast, zu dem auch das *Vogue Magazine* gehört, endlich einen Hauptmieter gefunden.

Hässliche Festung oder Glaspalast?
An der Ästhetik des neuen Wahrzeichens scheiden sich allerdings die Geister. Den wenigsten Kritikern gefällt der Entwurf von David Childs, der das ursprüngliche Konzept von Daniel Libeskind bis zur Unkenntlichkeit verstümmelte. Paul Goldberger vom *New Yorker* hält den Turm für eine hässliche Festung, bei der die Sicherheitsvorkehrungen jegliche Leichtigkeit und Eleganz erstickt hätten. Doch dem Besucher ermöglicht der Turm nie da gewesene Ausblicke. Auf den sich über drei Stockwerke erstreckenden Aussichtsplattformen kann man das faszinierende Panorama der Stadt genießen und in einem Restaurant fein dinieren.

Ein neues Kapitel beginnt
Im umliegenden Viertel ist man derweil froh, dass das Loch endlich geschlossen wurde. Die Dauerbaustelle hatte jahrelang das Leben lahmgelegt. Nun kehrt es langsam wieder zurück. Rund um die Wall Street, aus der nach dem 11. September viele Banken abgezogen waren, entstand ein neuer gehobener Wohn- und Geschäftsbezirk, an der Greenwich Street nördlich des Geländes sprießen immer neue Cafés, Restaurants und Märkte aus dem Boden. Am Ground Zero kann ein neues Kapitel beginnen: für die Wirtschaft, den Tourismus und auch für die Seele der Stadt.

Auf einen Blick

Adresse & Anfahrt
Der Eingang des 9/11-Memorial befindet sich an der Nordwestecke von Albany und Greenwich Street. An der Ecke Vesey und Church Street ragt das neue Wahrzeichen in den Himmel. Mit der U-Bahn fährt man bis World Trade Center, Chambers oder Wall Street. Der Eingang zum Museum befindet sich an der Ecke Liberty Street und Greenwich Street.

Besichtigung
Der Zugang zum Gelände ist kostenlos (tgl. 7.30–21.00 Uhr). Das im Mai 2014 eröffnete Museum befindet sich 21 Meter unter der Erde: dort, wo früher ein Brunnen zwischen den Twin Towers stand. Neben großen Stahlresten der Türme und einem zertrümmerten Feuerwehrauto sind rund 23 000 Bilder, 10 300 Trümmerstücke und 2000 Berichte von Zeugen zu sehen (Tel. 212-266-5211, So.–Do. 9.00–20.00, Fr./Sa. 9.00–21.00 Uhr, 24 $; Di. von 16.00 bis 20.00 Uhr ist der Eintritt frei).

One World Observatory
Das One World Observatory im 1 WTC bietet sagenhafte 360-Grad-Blicke über die Stadt. Bereits die gerade mal 48 Aufzug-Sekunden hinauf zur Aussichtsplattform sind ein Erlebnis (Tel. 844-696-1776, 34 $; tgl. Mai–Sept 9.00–22.00, Okt.–April 9.00–20.00, letztes Ticket 19.15 Uhr).

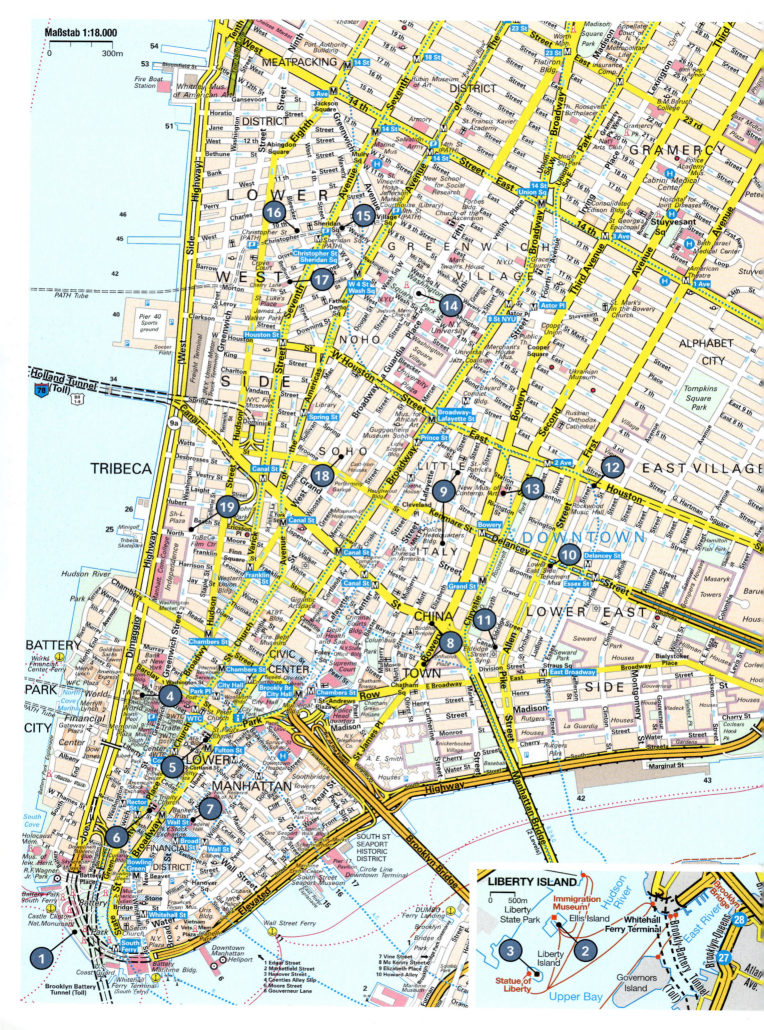

INFOS & EMPFEHLUNGEN   DOWNTOWN MANHATTAN
                                                                                              40 – 41

Goin' Downtown

New York ist eine Fußgängerstadt. Alles Sehens- und Erlebenswerte drängt sich auf engstem Raum dicht zusammen, längere Strecken überbrückt man mit der U-Bahn schneller und sicherer als mit jedem anderen Transportmittel. Um Manhattan in seiner ganzen Vielfalt zu genießen, lässt man sich am besten erst einmal durch Downtown treiben – das umfasst die Gegend von der Südspitze bis zur 30sten Straße.

❶ – ❸ An der Südspitze von Manhattan

Die Skyline des unteren Manhattan geradeaus, die Freiheitsstatue zur Rechten – das war der erste Blick, den bis in die 50er-Jahre des vergangenen Jahrhunderts Millionen von Einwanderern aus Europa auf die Neue Welt werfen konnten. Er ist heute nicht weniger atemberaubend als damals.

Oben: Blick auf Manhattans Südspitze mit dem Battery Park. Rechts oben: die am 28. Oktober 1886 enthüllte Freiheitsstatue auf Liberty Island.

Tipp

Den besten Blick …

… auf die Skyline von Downtown Manhattan und die Brücken der Stadt hat man bei einer Fahrt mit der **Staten Island Ferry**, einem jährlich rund 20 Mio. (werktäglich etwa 60 000) Pendler zwischen Staten Island (St. George Terminal) und Manhattan (Whitehall Terminal oder auch „South Ferry") hin und her transportierenden Fährbetrieb. Unterwegs kommt man ziemlich nah an der kolossalen Freiheitsstatue vorbei – frei (nämlich frei von Kosten für die Passagiere) ist auch die Überfahrt mit den typischen, orangefarben angestrichenen Fährbooten.

INFORMATION
www.siferry.com

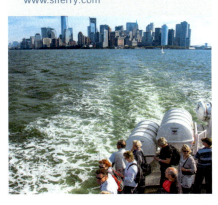

SEHENSWERT
Am kostengünstigsten kann man dieses einmalige New-York-Erlebnis von der Pendlerfähre nach Staten Island genießen, die gratis von ihrer Anlegestelle im ❶ **Battery Park** alle 20 Minuten über die New Yorker Bucht schippert (siehe Tipp). Nur wenige Meter vom Fährterminal entfernt legt auch die Fähre ab, die einen nach ❷ **Ellis Island** und zur ❸ **Freiheitsstatue**  bringt. Ellis Island war bis zum Jahr 1954 die erste Station für Neuankömmlinge in den USA. Hier wurden sie aufgenommen, ärztlich betreut und bekamen ihre Papiere ausgestellt. Heute kann man im dortigen Museum Schritt für Schritt die Prozedur durchlaufen, der sich damals die Immigranten unterziehen mussten. Außerdem können in einer riesigen Datenbank Amerikaner nachforschen, welche ihrer Vorfahren hier gelandet sind und woher sie kamen. Nur ein kurzer Sprung ist es zu der kleinen Insel, auf der die Freiheitsstatue steht, die den Ankömmling mit den folgenden Worten begrüßt: „Bring mir deine Müden, deine Armen, deine zusammengekauerten Massen, die sich nach Freiheit sehnen, / Den erbärmlichen Abfall deiner überfüllten Küsten, / Schick sie mir, die Obdachlosen, vom Sturm Gepeitschten. / Ich erhebe mein Licht neben der goldenen Pforte!"

❹ – ❼ Finanzdistrikt und Ground Zero

Das New York nach der Jahrtausendwende wurde vor allem von zwei Ereignissen geprägt: den Terroranschlägen des 11. September 2001 und der Finanzkrise von 2008. Beide Ereignisse hatten ihr Zentrum nur wenige Fußminuten voneinander entfernt: am Ground Zero, der Stätte der ehemaligen Twin Towers des World Trade Center, und an der Wall Street.

SEHENSWERT/MUSEUM
Nach langem Gezänk um die Finanzierung und die Gestaltung ist die Baustelle am Ground Zero endlich aufgeräumt. Das ❹ **World Trade Center Nummer Eins** 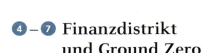 ist mit seinen imposanten 541,3 Metern der höchste Wolkenkratzer

INFOS & EMPFEHLUNGEN

New Yorks. Der silbern schimmernde Glasturm windet sich elegant in den Himmel. Das **One World Observatory** gibt berauschende Blicke über die Stadt frei (siehe S. 38; oneworldobservatory.com). Auf dem Grundriss der alten Zwillingstürme wurde bereits zum zehnten Jahrestag der Anschläge die offizielle **Gedenkstätte** eröffnet (www.911memorial.org). Auch das **9/11 Memorial Museum** (siehe S. 38) unterhalb der Gedenkstätte hat nach etlichen Verzö-

Tipp
Speakeasys

Die besten New Yorker Bars verstecken sich oft ohne Türschild und Hinweis hinter unscheinbaren Hauseingängen, schweren Samtvorhängen und in Kellergewölben. Oder, wie die **Apotheke**, am Ende einer dunklen Seitenstraße von Chinatown in einer ehemaligen Opiumhöhle. „Speakeasys" nennen sich versteckte Cocktail-Lounges wie das **Angel's Share** (Abb. unten), eine Hommage an die Prohibitionszeit, in der nur verstohlen gefeiert und getrunken werden durfte. Wer etwa im schummrig schönen **PDT** (Abkürzung für Please Don't Tell) aufwendige Mixgetränke von bekannten Bartendern probieren möchte, der muss zunächst in den Hot-Dog-Laden Crif Dogs gehen, in die kleine Telefonzelle an der linken Wand treten, den Hörer abheben und irgendeine Taste drücken. Wie von Geisterhand öffnet sich die Hinterwand der Kabine, dahinter wartet die Bar. Ebenfalls über einen unmarkierten Hofeingang gelangt man in das neue In-Restaurant **447 Hudson Clearwater**.

INFORMATION
Apotheke, 9 Doyers Street, Tel. 212-406-04 00, www.apothekenyc.com
Angel's Share, 8 Stuyvesant Street, Tel. 212-777-54 15
PDT, 113 Saint Marks Place, Tel. 212 614-03 86, www.pdtnyc.com
447 Hudson Clearwater, 447 Hudson Street, Tel. 212-989-32 55, www.hudsonclearwater.com

Oben links: Feierabend im Financial District. Oben rechts: Schöne Glasfenster schmücken den Sandsteinbau der Trinity Church, eine dreischiffige Basilika. Darunter: Power Lunch für eine Handvoll Dollar gibt's in Chinatown.

gerungen seine Türen geöffnet. Wer nur kurz Zeit hat: Das 9/11 Tribute Center beherbergt eine Ausstellung und veranstaltet Führungen. Ein neues visuelles Herzstück der Anlage ist der weiße Flügelbau von Santiago Calatrava, unter dem sich eine schicke Mall und das WTC Transportation Center befindet. Direkt gegenüber von Ground Zero an der Ostseite liegt die ❺ **St. Paul's Chapel** (18. Jh.), die nach den Anschlägen Helfern und Angehörigen Zuflucht bot. In der Kapelle erinnert ebenfalls eine kleine Ausstellung an diese Tage. Die Kapelle gehört zur ❻ **Trinity Church**, der ältesten Kirchengemeinde New Yorks aus dem Jahr 1696. Der neogotische Bau von 1846 ist eines der schönsten Gotteshäuser der Stadt. Unmittelbar gegenüber der Trinity Church auf der anderen Seite des Broadway beginnt die ❼ **Wall Street**. Die schmale Gasse ist noch immer das symbolische Zentrum der Weltfinanzmärkte, obwohl der Handel auf dem Parkett heute nur noch marginal ist: Die großen Geschäfte werden inzwischen auf Computerbildschirmen in Bürovororten gemacht, wo die Mieten billiger sind. Dennoch ist an der legendären „Corner", der Ecke Wall und Broad Street, zum Börsenbeginn um 9.00 Uhr und zum Börsenschluss um 16.00 Uhr immer noch etwas vom Flair jener Tage zu spüren, als hier tatsächlich die Geschicke der Welt bestimmt wurden. Viele der alten Art-déco-Hochhäuser an der Wall Street, in denen einst die Großbanken ihren Sitz hatten, wurden in Apartmenthäuser umgewandelt. Im alten Sitz der Bank of New York, der Nummer 48 Wall Street, ist heute das **Museum of American Finance** untergebracht (48 Wall Street, Tel. 212-908-4110, www.moaf.org, Di.–Sa. 10.00–16.00 Uhr), mit hervorragenden Ausstellungen zur Geschichte des Finanzwesens, insbesondere auch der Krisen und ihrer Ursachen. Ebenfalls an der Wall Street befindet sich das **Federal Hall National Memorial Building**: Vom alten, 1701 von Pierre L'Enfant errichteten New Yorker Rathaus, auf dessen Balkon George Washington am 30. April 1787 seinen Amtseid leistete und in dem 1789/1790 der US-Kongress seinen Sitz hatte, ist heute nichts mehr zu sehen. Nicht einmal 25 Jahre nach Washingtons Amtseid wurde es abgerissen – erst in den Jahren 1834 bis 1842 errichtete man am „Geburtsort" der amerikanischen Regierung nach den Plänen

von Ithiel Town und Alexander Jackson Davis ein neues Gebäude, das heute eine nationale Gedenkstätte mit Museum ist.

RESTAURANTS
Wer echte Wall-Street-Atmosphäre schnuppern will, der geht zum Lunch in die **Harry's Bar** am Hanover Place, wo viele Szenen des Filmklassikers „Wall Street" mit Michael Douglas gedreht wurden. Im Erdgeschoss findet sich ein exklusives €€€€ **Steakhouse**, wo die Broker powerlunchen, im Untergeschoss das etwas günstigere €€€ **Harry's Café** (Tel. 212-785-92 00, www.harrysnyc.com).

UNTERKUNFT
Günstige Unterkünfte sind im Finanzdistrikt kaum zu finden – es wimmelt nur so von eleganten, hochpreisigen Designerhotels. Empfehlenswert: das €€€ **Andaz** (75 Wall Street, Tel. 212-590-12 34, https://wallstreet.andaz.hyatt.com).

❽ Chinatown

Die New Yorker **Chinatown** TOPZIEL, westlich des Broadway und südlich der Broome Street gelegen, ist das letzte wirklich intakte Einwandererviertel in Manhattan sowie die größte Chinatown in den USA. Während andere ethnische Gemeinschaften dem Druck des Immobilienmarktes gewichen und in die Außenbezirke abgewandert sind, hat sich die 130 Jahre alte chinesische Enklave halten können, nicht zuletzt, weil es eine in sich geschlossene Stadt in der Stadt ist. Außenseiter haben keine Chance, an der Chinatown-Wirtschaft teilzuhaben, Grundstücksspekulanten bleiben schon aus Sprachgründen außen vor. So taucht man in Chinatown noch immer ein in eine völlig

DOWNTOWN MANHATTAN
42 – 43

Nightclubbing: In der Ludlow Street an der Lower East Side wird die Nacht zum Tag gemacht.

fremde, exotische Welt. Die benachbarte Lower East Side war einst ein ebenso homogenes jüdisches Einwandererviertel, von dem es jedoch nur noch wenige Spuren gibt. Heute ist es der Tummelplatz für eine junge Künstler- und Bohemeszene.

SEHENSWERT
Das Zentrum von Chinatown ist die **Grand Street** zwischen Center Street und Chrystie Street. Hier finden sich die traditionellen Fischmärkte und Apotheken, die Obststände und Straßenhändler mit exotischen Leckereien, die das Flair von Chinatown ausmachen. In der Chinatowngegend gibt es viele sehr günstige original chinesische Restaurants, die man alle empfehlen kann. Besonders beliebt zum Dim Sum (Brunch) am Wochenende ist der **Nom Wah Tea Parlor** in der Doyers Street, der seit 1920 in Betrieb ist (13 Doyers Street, Tel. 212-962-60 47, www.nomwah.com).

❾ Little Italy, Nolita

Parallel zu Chinatown liegt **Little Italy**, das in den vergangenen 20 Jahren immer stärker vom ausufernden Chinatown „verschlungen" wurde und sich heute nur noch auf ein paar wenige Blocks rund um die **Mulberry Street** konzentriert. Das alte, sizilianisch-neapolitanisch anmutende Flair spürt man fast nur noch beim berühmten **San-Gennaro-Fest** (11 Tage, Mitte Sept., www.sangennaro.org). In **Nolita**, dem im Norden durch die **Houston Street**, im Osten durch die **Bowery**, im Süden durch die **Kenmare Street** und im Westen durch die **Lafayette Street** begrenzten Viertel North of Little Italy, ist alles etwas kleiner und freundlicher. Die ehemaligen Tenement-Häuser, in denen Ende des 19. Jahrhunderts vor allem italienische und irische Immigranten lebten, haben

nichts von ihrem Charme verloren, an jeder Ecke gäbe es etwas zu erzählen. So geht es etwa an der **Elizabeth Street** am früheren Studio von Rick Rubins legendärem Label Def Jam Recordings (LL Cool J, Beastie Boys, Slayer, Public Enemy) vorbei, in dem anschließend ein neonbeleuchteter Turnschuhladen untergebracht war. Eine Parallelstraße weiter wurde an der **Bowery** einer der legendärsten Musikclubs der Stadt zur Boutique: Wo früher Punkbands wie die Ramones und Blondie lautstark im CBGB abrockten, hängen heute teure Outfits von John Varvatos, der zumindest einen Teil der schrillen Fangraffiti aus den Originalräumen in den Laden einbaute.

❿ – ⓭ East Village und Lower East Side

Anfang des 20. Jahrhunderts war in Manhattans Lower East Side – dem Viertel zwischen Bowery und Clinton Street, East Houston und Canal Street – die größte jüdische Gemeinde der Welt angesiedelt. Die Einwanderer wohnten dort meist unter katastrophalen Bedingungen in sechs- bis siebenstöckigen Mietskasernen. Heute gibt es hier noch etwa 300 Synagogen und einige jüdische Geschäfte. Die meisten New Yorker Juden leben inzwischen außerhalb von Manhattan. Den nördlichen Teil der Lower East Side nannte man bereits in den späten 1950er-Jahren „East Village". Heute wird das ganze Gebiet östlich vom Broadway, zwischen 14th und Houston Street, so bezeichnet.

SEHENSWERT
Wer einen Eindruck davon bekommen möchte, wie die osteuropäischen jüdischen Einwanderer im ersten Drittel des 20. Jahrhunderts hier lebten, der geht am besten ins ❿ **Lower East Side Tenement Museum** (103 Orchard Street, Tel. 877-975-37 86, www.tenement.org, Fr.–Mi. 10.00–18.30, Do. 10.00–20.30 Uhr). Das Museum bietet auch Rundgänge auf den Spuren des jüdischen Lebens durch das Viertel an. Zu diesen gehören die prächtige ⓫ **Eldridge Street Synagogue** aus dem Jahr 1887 (12 Eldridge Street, Tel. 212-219-08 88, www.eldridgestreet.org), die aus maurischen, gotischen und romanischen Bauteilen besteht und vor einigen Jahren für 18,5 Millionen Dollar renoviert wurde. Einen etwas heruntergekommenen Eindruck macht dagegen inzwischen das traditionelle koschere Leckereien wie das berühmte Katz's Pastrami Sandwich anbietende ⓬ **Katz's Delicatessen** (205 East Houston Street, Tel. 212-254-22 46, www.katzsdelicatessen.com), das noch immer vom Ruhm längst vergangener Tage zehrt: Hier nämlich war es, wo einst Meg Ryan als Sally ihrem Harry (Billy Christal) in Rob Reiners cineastischem Klassiker eine in die Filmgeschichte eingegangene Lektion erteilte. Und natürlich weist man hier auch auf den Tisch hin, an dem das einst geschah … Die Ausstellungen im ⓭ **New Museum of Contemporary Art** (235 Bowery, Tel. 212-219-12 22, www.newmuseum.org) greifen neueste Trends der zeitgenössischen Kunst auf – der preisgekrönte Bau des japanischen Architektenteams Sanaa ist schon für sich sehenswert.

RESTAURANT
Intime Atmosphäre, moderate Preise und eine hervorragende Küche lohnen den Besuch der

> **Tipp**
>
> ## Greenwich Hotel
>
> An der Ecke von Greenwich Street und North Moore Street in TriBeCa gelegen, verfügt das €€€ Greenwich Hotel über 75 Zimmer, von denen keines dem anderen gleicht, und 13 Suiten. Eichenholzparkettböden, tiefe Badewannen und gemütliche Betten machen diese zu den Leading Hotels of the World gehörende Stadtoase mit grünem Innenhof und Swimmingpool zur ersten Wahl.
>
> **INFORMATION**
> 377 Greenwich Street, Tel. 212-941-89 00, www.thegreenwichhotel.com

INFOS & EMPFEHLUNGEN

Immer was los: am und im Washington Square Park (oben). Rechts: Alleva-Feinkost in der Mulberry Street – hier weiß man, was gut ist!

Oficina Latina (24 Prince Street, Tel. 646-381-2555, www.oficinalatinanyc.com).

AUSGEHEN

Richtig zum Leben erwacht die Szene auch hier im East Village und an der Lower East Side erst nach Sonnenuntergang. In den vielen Musikclubs spielt die ganze Nacht lang die jeweils nächste Generation an Pop- und Rocksensationen. Noch vor wenigen Jahren traten heutige Megastars wie Lady Gaga und Norah Jones hier auf; die Szene formt die Trends der Zukunft. Die berühmtesten Bühnen sind **Arlene's Grocery** in der Stanton Street, der **Bowery Ball Room** und die **Mercury Lounge** an der Houston Street; eine Institution war auch **The Living Room** in der Ludlow Street, das aber dort 2014 seine Pforten schloss und nach Brooklyn umzog.

UNTERKUNFT

Empfehlenswert ist das in einem historischen Wohnhaus aus dem 18. Jahrhundert untergebrachte €€€ **SoHotel** an der Broome Street, (Tel. 212 226-1482, www.thesohotel.com).

⑭ – ⑲ Greenwich Village, SoHo, Tribeca

Greenwich Village TOPZIEL, grob die Gegend südlich der 14. Straße und westlich des Broadway, trägt seinen Namen zu Recht: Die verwinkelten alten Kopfsteinpflastergassen, die kleinen Läden und Cafés verströmen den intimen Charme eines Dorfes in der großen Stadt. Das alte Bürgerviertel, dessen Anfänge ins 18. Jahrhundert zurückreichen, war lange ein Magnet für Künstler und Intellektuelle. Davon künden noch immer die Jazzclubs und die aktive Homo-Subkultur an der Christopher Street. Heute ist das Village eines der begehrtesten und teuersten Wohnviertel der Stadt. Das südlich angrenzende ⑱ **SoHo** – kurz für „South of Houston (Street)" –, das bis in die 1990er-Jahre noch ein Künstler- und Handwerkerviertel war, ist heute eine der beliebtesten Shopping-Gegenden von New York.

Auch ⑲ **TriBeCa** („Triangle Below Canal Street", das Straßendreieck zwischen West Broadway, Canal West und Chambers Street) wurde einst von einer jungen Kunstszene frequentiert, die inzwischen längst von den steigenden Mieten vertrieben wurde. Heute findet man dort mehr Galerien als Restaurants – davon allerdings die besten der Stadt. Als das Viertel nach den Anschlägen vom 11. September 2001 zu verwaisen drohte, setzte sich der Schauspieler Robert De Niro sehr für seinen Erhalt ein. So war er die treibende Kraft hinter dem jährlich stattfindenden **TriBeCa Film Festival**, ist Miteigentümer des **Tribeca Grill** (siehe: Restaurants) und brachte als Partner von Nobu Matsuhisa auch die feinste japanische, mit einem Michelin-Stern geehrte Cuisine nach TriBeCa (www.noburestaurants.com). Zudem ist er Mitbesitzer des Greenwich Hotel (siehe Tipp S. 43).

SEHENSWERT

Jeder Rundgang durch „das Village" beginnt traditionell am ⑭ **Washington Square Park**, wo die Fifth Avenue beginnt und General Washingtons Triumphbogen das Tor zu Downtown markiert. Das Treiben im Park wird von der umliegenden New York University geprägt, an einem schönen Nachmittag tummeln sich hier Musikanten, Skateboarder, Schachspieler und Studenten, die in ihre Lektüre vertieft sind. Wenn man vom Washington Square den Washington Place entlang in Richtung Westen geht und die Sixth Avenue überquert, gelangt man bald an den ⑮ **Sheridan Square** (siehe Tipp unten). Ein Stückchen die Seventh Avenue hinauf gelangt man zum legendären Jazzclub **Village Vanguard** (178 7th Avenue South, Tel. 212-255-4037, www.villagevanguard.com, tgl. 20.00–2.00 Uhr), wo von Louis Armstrong bis Miles Davis, von Bill Evans bis Fred Hersch alle Jazzgrößen des 20. Jahrhunderts gespielt haben. Auf der anderen Seite der Seventh Avenue beginnt die ⑯ **Christopher Street**, ein weltweites Symbol für Gay Pride. Kurz bevor diese auf die Hudson Street mündet, erreicht man die ⑰ **Bedford Street**, den vielleicht hübschesten historischen Straßenzug im Village.

> **Tipp**
>
> ## Gay pride
>
> Im kleinen Christopher Park nahe dem Sheridan Square kündet George Segals ein männliches und ein weibliches Paar zeigendes „Gay rights movement" (Abb. unten) vom Ursprung der amerikanischen Schwulenbewegung, die 1969 mit einem Aufstand gegen Polizeischikanen im gegenüberliegenden **Stonewall Inn** begann. Die gemütliche Kneipe ist bis heute unverändert. (Auch Heteros sind willkommen.) Mit einer Schwulen- und Lesbenparade von hier bis zum Central Park fand dann im darauffolgenden Sommer der erste – inzwischen überall auf der Welt gefeierte – „Christopher Street Day" statt.
>
> ### INFORMATION
>
> Stonewall Inn: 51–53 Christopher Street (zwischen West 4th St. und Waverly Place), George Segals „Gay rights movement" befindet sich im Christopher Park gleich gegenüber. Über aktuelle Hotspots der Schwulen- und Lesbenszene New Yorks – Gay Bars, Restaurants, Gay Friendly Hotels, Shops & Boutiques, Gyms & Spas – informiert u.a. die Website newyork.gaycities.com.

> *„I swung on to my old guitar / Grabbed hold of a subway car / And after a rocking, reeling, rolling ride / I landed up on the downtown side: Greenwich Village."* Bob Dylan, „Talkin' New York"

DOWNTOWN MANHATTAN
44 – 45

Hier sind noch Holzhäuser aus dem 18. Jahrhundert zu bestaunen, das schmalste Haus New Yorks, die Nummer 75 1/2 Bedford, sowie die Seitengasse **Commerce Street** mit dem charmanten Cherry Lane Theater und dem traditionell amerikanischen Restaurant Commerce, dessen Hauptraum ein berühmtes Wandgemälde aus der Ära der großen Depression ziert. Dort wo die Bedford Street auf die West Houston Street trifft, liegt rechter Hand das berühmteste Programmkino New Yorks, das **Film Forum** (209 West Houston Street, Tel. 212-727-81 10, www.filmforum.org). Woody Allen verewigte es in seinem Film „Annie Hall". Wenn man die Kreuzung Houston Street und Sixth Avenue von hier aus in Richtung Südosten überquert, taucht man in das Stadtviertel SoHo ein. An der Ecke West Broadway und Broome Street kündet heute noch der **Kunstraum der Dia Stiftung** von dieser Zeit (393 West Broadway, www.diaart.org, Mi.–So. 12.00 bis 15.00, 15.30–18.00 Uhr). Dort hat Dia die damals provokante Kunstaktion „Broken Kilometer" von Walter De Maria ebenso zur Dauerinstallation gemacht wie den Earth Room von De Maria in der Nummer 141 Wooster Street. Ein gutes Beispiel der typischen Kontorsarchitektur des Viertels ist das **King and Queen of Greene Street** an der Nummer 75 Greene Street. In der **Prince Street** findet man heute die Niederlassungen internationaler Topmarken wie Michael Kors, Prada, Apple und Ralph Lauren. Den Flair des alten SoHo bewahren konnte das urige **Fanelli Café** (94 Prince Street, Tel. 212-226-94 12), das seit 1922 in Betrieb ist.

RESTAURANTS

Entlang der Bedford Street gibt es eine Reihe gemütlicher, hervorragender Bistros. Dazu gehören die €€ **Blue Ribbon Downing Street Bar** (34 Downing Street nahe Bedford Street), das €€ **Tfor** (14 Bedford nahe Downing) und die €€ **Little Owl** (90 Bedford Street/Ecke Grove Street). Ein Dreisternedinner genießt man in der Osteria Romana €€€ **Lupa**, dem Village-Restaurant des New Yorker Starkochs Mario Batali, 170 Thomson Street, Tel. 212-982-50 89, www.luparestaurant.com (unbedingt vorbestellen!). Nicht billig, aber exzellent verfeinerte American Cuisine isst man auch im €€€ **Tribeca Grill** (375 Greenwich Street/Ecke Franklin Street, Tel. 212-941-39 00, myriadrestaurantgroup.com/restaurants/tribeca/). Für weitere Tipps im kaum noch zu überschauenden Angebot sollte man die Restaurantseite des „New York Magazine" aufrufen: nymag.com/restaurants/?f=food.

UNTERKÜNFTE

Unterkünfte in Downtown können extrem teuer sein. Im schicken €€€ **Hotel Gansevoort** (www.hotelgansevoort.com) etwa beginnen die Zimmerpreise bei um die 500 US-Dollar. Für den etwas schmaleren Geldbeutel empfehlen wir das nahe am Hudson gelegene, im Jahr 1908 ursprünglich als Hotel für Seeleute fertiggestellte € **The Jane** (113 Jane Street, Tel. 212-924-67 00, www.thejanenyc.com), mit Zimmern im neckischen „Kabinenlook".

Genießen   Erleben   Erfahren

Der Mode auf der Spur

DuMont Aktiv

Manhattan ist auch ein Shopping-Mekka. Die bekannten Schnäppchenmeilen am Broadway oberhalb der Canal Street oder bei Macy's am Herald Square sind allerdings oft überlaufen. Schöner shoppt es sich in entspannteren Neighborhoods wie in Nolita oder im East Village.

Ein Spaziergang entlang Nolitas Mott und Elizabeth Street verbindet das vergangene mit dem modernen New York. Denn seit in der zweiten Hälfte der 1990er-Jahre ein Zustrom an Yuppies die Gegend belebte, zogen immer mehr Designer in die kleinen Schaufensterläden. Elegante Bistros wie das Gitane (242 Mott Street, cafegitanenyc.com) oder das Epistrophy (200 Mott Street, epistrophynyc.com) sind Treffpunkte der lässigen Fashionleute. Bei der „Chic NYC Shopping Tour" führen ebensolche Modefans durch die Straßen. Wie man den lässig-coolen Look, der auf den Gehwegen und in den Cafés zur Schau getragen wird, selbst zustande bekommt, erklären einem die Stylisten bei einer Modeberatung direkt in den Designerlädchen, oft mit mehrfachen Gängen zur Umkleidekabine.

Auch im East Village hat sich seit den wilden Zeiten der Warhol-Ära einiges verändert. Viele Theaterbühnen und Galerien mussten für Boutiquen Platz machen, die Gentrifizierung nahm auch hier gnadenlos ihren Lauf. Trotzdem ist das Village shoppingmäßig wesentlich stärker „on the edge" geblieben als Nolita. Hier gibt es mehr Vintageshops, oft mit Originalen aus den 1920er- und 1930er-Jahren, aber auch mit viel Kram. Oder Punkläden mit schrillen Nietenoutfits und grellen Perücken. Denn das bleibt zeitlos gültig: Auffallen gehört in New York zum Stil.

Weitere Informationen

Shop Gotham veranstaltet zweieinhalbstündige Shopping-Touren durch die kleinen Lädchen von Nolita, vergünstigte Angebote inklusive (shopgotham.com).

Auf der Chic NYC Shopping Tour zeigen Modeexperten drei Stunden lang, wo junge Designer ihre Stücke noch selbst verkaufen, und auch, wie man die erstandenen Schnäppchen am besten miteinander kombiniert (chicshoppingtoursny.com).

MIDTOWN MANHATTAN, CENTRAL PARK
46 – 47

Im Zentrum der Superlative

Höher, schneller, lauter – New York kennt kein Mittelmaß, der Superlativ ist das Motto der Stadt. Midtown Manhattan versprüht diese „Alles ist möglich"-Energie besonders reichlich. Zwischen den gigantischen Wolkenkratzern pulsiert das Leben, am Grand Central Terminal herrscht hektische Geschäftigkeit, Times Square und Broadway erstrahlen im gleißenden Lichtermeer. Erholung von all dem quirligen Treiben bietet der sich im Norden anschließende Central Park.

Lichter der Großstadt: „New York war ein unerschöpflicher Raum, ein Labyrinth von endlosen Schritten …" (Paul Auster, „Die Stadt aus Glas").

Stadt, Land, Fluss: Blick von der Besucherterrasse des Empire State Building über Midtown und die Südspitze von Manhattan hinweg

Der (ehemals) größte und der (immer noch) schönste Wolkenkratzer von New York City: Empire State Building (rechts) und Chrysler Building (oben). Das Empire State Building bietet überall in der Stadt einen festen Orientierungspunkt, das Chrysler Building steht für eine jenseits aller bloßen Funktionalität über die Jahre hinweg zeitlos schöne Architektur.

MIDTOWN MANHATTAN, CENTRAL PARK
48 – 49

Wer den Puls der Stadt hautnah spüren will, der kommt hierher, in die Mitte Manhattans. Schlendern ist Luxus und Zeit Geld – den typischen New Yorker erkennt man am zielstrebigen Gang, den Touristen am Versuch, mit dem Rhythmus der Stadt mitzuhalten. Das ist anstrengend und aufregend zugleich: Das Getöse der U-Bahn dringt durch die Schächte und vermischt sich mit dem Straßenlärm, während rundum grell die Neonreklamen flimmern. Die Menschen hetzen mit XL-Coffee-to-go-Bechern in Richtung Büro. Es geht um Geld, Ruhm und Macht. Warum sich zurückhalten, wenn Auffallen belohnt wird? Der „Naked Cowboy" am Times Square zum Beispiel, Robert John Burck mit bürgerlichem Namen, hat es auf seine Weise geschafft, zwar nicht wirklich nackt, aber doch leicht bekleidet ein Star zu werden. Jedem Wetter zum Trotz greift der Muskelmann zur Gitarre und trägt dabei nichts als eine weiße Unterhose, Stiefel und Cowboyhut. Das reizt das Auge nicht nur der weiblichen Betrachter – und wer sich mit dem Cowboy fotografieren lassen will, wird ihm einen kleinen Obolus nicht verwehren. Auch das ist, typisch für die Stadt, ein Geschäftsmodell: ein gut funktionierendes noch dazu.

Langeweile ist hier ein Fremdwort

Einziger Nachteil: Alle wollen dabei sein. Lange Schlangen und Massenaufläufe sind das Ergebnis. Besonders an großen Festtagen wie dem Nationalfeiertag am 4. Juli, der Jahreswende oder zu Thanksgiving am vierten Donnerstag im November muss man früh auf- und vor allem lange rumstehen. Es lohnt sich aber. Erwartungsgemäß gigantisch bekommen die Besucher eine unvergessliche Party geboten. Erwachsene werden wieder zu Kindern, wenn bei der traditionellen Erntedankparade von Macy's Goofy & Co. als meterhohe Ballonfiguren in Richtung Herald Square schweben. Die Zuschauer schießen eifrig Bilder und strahlen bis über beide Ohren – das kann

There's no business like showbusiness: Werbung für eine Broadwayaufführung am Times Square.

Oben auf der Plattform lässt sich das Treiben am teilweise zur Fußgängerzone umfunktionierten Times Square am besten betrachten. Unten gibt's oftmals vergünstigte Tickets.

Am Times Square: Mindestens einmal im Leben möchte man hier gestanden haben, das Rauschen der Stadt in den Ohren, die Füße schon schwer vom Citywalking, das Herz ganz weit offen und die Sinne trunken vor, nun ja, Glück … (Und dann reicht es aber auch wieder für eine Weile.)

Und wo bleibt Stella? Darsteller einer Aufführung von Tennessee Williams' Erfolgsstück „A Streetcar named Desire" („Endstation Sehnsucht") im Broadhurst Theater geben Autogramme.

New York immer und überall: begeistern und verwundern, Gänsehaut auslösen, Augen zum Leuchten bringen.

To see the ball drop
Den größten Auflauf gibt es zu Silvester am Times Square. Rund eine Million Schaulustige aus aller Welt stehen sich dann schon am Nachmittag bei oftmals bitterer Kälte die Beine in den Bauch. Jeder möchte dabei sein, wenn die berühmte Neujahrskugel eine Minute vor Mitternacht am Fahnenmast emporsteigt und dann pünktlich mit einem Knall Feuerwerk und Konfettiregen auslöst. Daraufhin fallen sich in der Menge Menschen in die Arme und werden Heiratsanträge gemacht, während im Hintergrund die mit Superstars gespickte Bühnenshow weitergeht. Einen schrilleren Start ins Neue Jahr gibt es kaum.

Ein paar Straßen weiter östlich hat sich die Fernsehwelt einen pompösen Platz gesichert: das Rockefeller Center, Heimat unter anderem des TV-Netzwerks NBC. „30 Rock(efeller Plaza)", die Adresse des berühmten GE-Buildings, ist zugleich der Titel einer dort spielenden Comedyserie, die den US-amerikanischen TV-Alltag so auf die Schippe nimmt, dass die Gags auch ohne die sonst vom Band eingespielten Lacher funktionieren. Geschrieben wurde die Serie von Tina Fey, die in den Jahren 1997 bis 2006 zum Autorenstab der (nicht fiktiv, wie „30 Rock", sondern ganz real) im Rockefeller Center beheimateten wöchentlichen „Saturday Night Live"-Show gehörte. 1999 war Tina Fey, deren Sarah-Palin-Parodie auf YouTube Kultstatus genießt, sogar die erste weibliche Chefautorin von „Saturday Night Life". Dass Fey weiß, worüber sie schreibt, kam ihrer Comedy, in der sie selbst die Hauptrolle spielte und in Alec Baldwin ein kongenial komisches Gegenüber hat, erkennbar zugute.

Auch die legendäre Frühstückssendung „Today Show" kommt aus dem Rockefeller Center. Moderatoren und Stars plaudern täglich in den Morgenstunden im Glaskasten des NBC-Studios an der 48sten Straße, dahinter winken Touristen ins Bild. Kostenlose Livekonzerte des Frühstücksfernsehens mit Sängern wie Justin Bieber oder Taylor Swift legen schon mal den ganzen Verkehr lahm. Der Rockefeller-Komplex, zu dem noch die berühmte Radio City Music Hall und die beste Panoramablicke garantierende Aussichtsplattform „Top of the Rock" gehören, war die Vision des Milliardärs John D. Rockefeller. So wie hier umgesetzt stellte sich der vom Hilfsbuchhalter zum Ölmagnaten und Wohltäter aufgestiegene Rockefeller in den 1930er-Jahren das urbane Leben der Zukunft vor – eine Stadt in der Stadt. Realisiert wurde mit dem Rockefeller Center eine Ansammlung von sechs Wolkenkratzern samt unterirdischem System an Verbindungstunneln, wo gearbeitet, eingekauft und miteinander kommuniziert werden kann – die Rundumversorgung für den (damals) modernen Büromenschen. Rockefellers Philosophie und Vision dokumentieren Art-déco-Fresken und Murals

Das kann New York immer und überall: Gänsehaut auslösen.

berühmter Künstler ihrer Zeit. Am berühmtesten ist allerdings ein schon lange nicht mehr zu besichtigendes Wandgemälde von Diego Rivera, „Man at the Crossroads", auf dem der mexikanische Maler nicht nur Rockefeller selbst, sondern auch Lenin porträtiert hatte. Das letztere Porträt zu entfernen, lehnte Rivera ab, bot aber generös an, noch eines

An der Grand Army Plaza: Blick in die Fifth Avenue, Ecke 59th Street. Vorne links lockt Apple mit gläsernem Design, rechts geht es noch ein paar Schritte bis zum (inzwischen auch Privatresidenzen beherbergenden) Plaza Hotel, und im Hintergrund wartet der Central Park als grüne Oase inmitten der Stadt.

St. Patrick's Cathedral an der Fifth Avenue: Dass die beiden 101 Meter hohen Türme des prächtigen, dem irischen Schutzheiligen geweihten Gotteshauses erst neun Jahre nach dessen Fertigstellung im Jahr 1879 hinzugefügt wurden, würde man kaum vermuten.

Grand Central Terminal

Im neuen, alten Glanz

Special

New Yorks im Jahr 1913 eröffneter Vorzeigebahnhof Grand Central Terminal war lange ein schmuddeliger Hort für Obdachlose und Drogenabhängige. Heute gehört er zu den beliebtesten Orten in der Stadt.

Ein Platz an der Bar des Cipriani Dolce gleicht einem Logenplatz im Theater. Man sitzt auf dem Westbalkon über der Haupthalle des Grand Central Terminal, die sich wie ein Ballsaal unter einem ausbreitet. Von hier oben sehen die Tausende von Pendlern so aus, als würden sie rund um die berühmte Glaskristalluhr in der Mitte der Halle herumtänzeln, ehe sie im Untergrund zu den Gleisen verschwinden: ein herrlich anzuschauendes Spektakel.

Seit der umfassenden Sanierung Mitte der 1990er-Jahre ist der über hundert Jahre alte Grand Central Terminal – ein prächtiger Tempel im Beaux-Arts-Stil – eine der Hauptattraktionen der Stadt. Die Menschen kommen nicht nur zu Millionen täg-

Pompös überwölbt: die Haupthalle

lich hier durch, um zu ihren Vorstadtzügen zu gelangen. Sie kaufen in Delikatessengeschäften Spezialitäten aus aller Welt, treffen sich nach der Arbeit in Cocktailbars zu einem Martini, zum Lunch im Food Court im Untergeschoss oder in der legendären Oyster Bar. Oder sie lassen sich einfach nur mit der Menge treiben und genießen das pulsierende Leben an einem der geschäftigsten Orte im ohnehin quirligen Midtown Manhattan.

von Abraham Lincoln hinzuzufügen. Vergebens: Nach der Vollendung blieb das umstrittene – aber immerhin vollständig bezahlte – Gemälde verhüllt, 1934 wurde es von Arbeitern zerstört.

Erhabenes und profanes

Bei schönem Wetter tummelt sich alles auf den Bänken der Rockefeller Plaza mit Blick auf das Fahnenmeer vor der güldenen Prometheusstatue. Beides – die Fahnen der Welt und Prometheus als Menschheitserschaffer – symbolisiert einmal mehr Rockefellers Hoffnung auf ein neues Menschheitszeitalter im Glanz von Fortschritt, Technik und Kapitalismus.

Das ist edel gedacht, doch die New Yorker wissen auch die ganz profanen Vergnügungen zu schätzen. So gleiten im Winter zu Prometheus' Füßen Schlittschuhläufer über das künstliche Eis, illuminiert vom überdimensionalen Weihnachtsbaum und mindestens in Gedanken begleitet von einer Reihe von Engeln, die den Weg in Richtung Fifth Avenue weisen. Dort, auf der teuersten Einkaufsmeile der Welt, strömen die Menschen in die Flagshipstores der großen Weltmarken. Und sei es nur: um zu staunen.

Auszeit im Park

„Have a break, have a carriage ride" – „mach mal Pause, mach eine Kutsch-

Atlas trägt die Welt vor dem zum Rockefeller Center gehörenden International Building:
Die Statue schufen Lee Lawrie und René Paul Chambellan im Jahr 1937.

Gibt acht: ein freundlicher Angestellter des
Rockefeller Center

Bitte stillhalten: auf der
Rockefeller Plaza

MIDTOWN MANHATTAN, CENTRAL PARK
54 – 55

Beim Blick vom Empire State Building in Midtown zur Südspitze Manhattans eröffnet sich dem Betrachter ein überwältigendes Panorama.

Wacht über die sich im Winter zur Eisfläche wandelnde, das ganze Jahr über als Treffpunkt beliebte Rockefeller Plaza: Prometheus (vergoldeter Bronzeguss von Paul Manship, 1934)

fahrt", ruft Danielle den vorbeigehenden Touristen zu. Seit fünf Jahren kutschiert der Italoamerikaner Verliebte, Neugierige und schlichtweg Erschöpfte durch den Central Park. Zum Geklapper der Hufe von „Bella" gibt Danielle kleine Episoden zum Besten. Etwa, dass im Park mehrfach Kojoten für Aufsehen sorgten, an welchen Stellen Waschbären gern die Bäume hochklettern und dass er schon oft Yoko Ono, die im nahen Dakota Building am Central Park West wohnt, beim Spazierengehen im Park gesehen habe.

Zwischen den Jahren 1859 und 1870 wurden die 350 Hektar Brachland von den Landschaftsarchitekten Calvert Vaux und Frederick Law Olmstedt angelegt. Einen so gigantischen Garten mitten im Herz einer Weltmetropole – das war da-

Der stadtplanerische Traum entwickelte sich zum urbanen Alptraum.

mals etwas ganz neues. Hier im Central Park, so die Vision von Vaux und Olmstedt, sollten sich alle New Yorker ungeachtet von Klasse und Herkunft ganz demokratisch begegnen können und sich vom Stress des Stadtlebens gemeinsam erholen. Doch aus dem stadtplanerischen Traum entwickelte sich in den 1970er-Jahren ein urbaner Albtraum. Damals galt der Park als höchst gefährliche Gegend – Drogendealer und Kriminelle machten ein Durchqueren selbst am hellichten Tag zum Abenteuer.

Heute ist das alles zum Glück gar kein Thema mehr. Bei Sonnenschein finden auf den großen Wiesen Picknicks und Konzerte statt, Jogger und Radfahrer lassen sich selbst im strömenden Regen und bis in die Nacht nicht von ihren Touren abhalten. Im Inneren des Parks sieht man zwar die Spitzen der angrenzenden Wolkenkratzer und das Leuchten des Empire State Building, aber der Geräuschpegel scheint weit entfernt. Die grüne Lunge lässt Midtown aufatmen.

Oben: „Signature Drink" der Bar The Campbell Apartment an der 42sten Straße, nahe dem Grand Central Terminal, ist der „Prohibition Punch".
Unten: Kiosk in der unteren Etage des Grand Central Terminal.

Ebenfalls an der Fifth Avenue gelegen: die Public Library – mit knapp 50 Millionen Archivalien eine der bedeutendsten Bibliotheken der Welt.

„A day at the park": Radfahren, joggen – oder im Loeb Boathouse am Lake ein erfrischendes Kaltgetränk zu sich nehmen …

Blick von der Besucherterrasse des Top of the Rock über das grüne Leuchten des Central Park hinweg in nordwestlicher Richtung.

Auf der großen Liegewiese im südlichen Teil des Central Park lässt sich's vor allem an Sonntagen gut – liegen.

„Es wird eine Zeit kommen, wenn New York vollkommen bebaut sein wird ..."

Frederick Law Olmstedt, Landschaftsarchitekt des Central Park

Störrisch und unbeugsam

Von der Aussichtsplattform des Empire State Building aus betrachtet, legt sich der Blätterwald dicht über das Rechteck des Parks. Drumherum flitzen gelbe Taxis, ihr Gehupe ist selbst im 102ten Stock noch hörbar. Das unaufhörliche Flackern des Times Square ist unverkennbar, imposante Bauwerke wie das Chrysler Building oder Norman Fosters Hearst Tower lassen keinen Zweifel daran, dass New Yorks Skyline schlichtweg berauschend ist. Hier, 373 Meter über der Erde, sind die Betonbauten und tiefen Schluchten dazwischen einfach atemberaubend: Dieser Blick hat sich in die Ikonografie der Welt eingeschrieben.

Aus der Entfernung erkennt man inzwischen auch nicht mehr die Schäden, die der Wirbelsturm Sandy vor einigen Jahren hier angerichtet hat. Dabei entwurzelte oder zerstörte der Orkan allein im Central Park über 250 Bäume. Allerdings kamen die Insel und vor allem ihr Zentrum in Midtown Manhattan damals, verglichen mit anderen Stadtteilen wie Brooklyn oder Staten Island, noch relativ glimpflich davon. Während der untere Teil Manhattans tagelang ohne Strom und somit lahmgelegt war, nahm das geschäftige Gewusel oberhalb der 34sten Straße schnell wieder seinen gewohnten Rhythmus auf. Und als die südliche Hälfte der Skyline nachts auf einmal im Dunkeln lag, schien das Empire State Building wie ein Symbol für die Unbeugsamkeit dieser störrischen Stadt umso heller zu leuchten.

DUMONT THEMA

SEIN & DESIGN

New York Chic

Gut auszusehen reicht in einer Stadt wie New York nicht. Sich abzuheben von der Masse ist das Ziel. Aber auch wer einfach nur Spaß hat an schönen Klamotten, findet hier ein Paradies aus Luxusläden, Billigshops und ausgefallenen Designerstücken.

MIDTOWN MANHATTAN, CENTRAL PARK
60 – 61

"Kreiere deinen eigenen Stil – er muss dich einzigartig und wiedererkennbar machen": Anna Wintour, legendäre Chefin des renommierten Modemagazins „Vogue", weiß, wovon sie spricht. Sie bestimmt, was zum Trend wird. Sitzt die zierliche Dame mit dem perfekt geschnittenen blonden Bob in der ersten Reihe einer Fashionshow, stehen und fallen mit ihrem Urteil Designerkarrieren. Traditionell trifft sich die Modeelite der Welt im Februar und im September zur New Yorker Modewoche, um zu entscheiden, was in der nächsten Saison in den Kleiderschrank gehört. Schräg gegenüber vom Lincoln Center hat New Yorks beliebtester Discount-Designerladen sein Quartier: Century 21 haut teure Stücke zu Schnäppchenpreisen raus, weiter oben an der 79sten/Ecke Broadway, gibt es bei DSW Designer Shoe Warehouse ähnliche Deals für Schuhliebhaber.

Cooles Aussehen muss nicht teuer sein. Aber dafür anstehen muss man schon. Vor allem die Highend-Ausverkäufe in SoHos Lagerhallen, bei denen Label wie Rag & Bone, Rodarte oder Diane von Furstenberg an einem Wochenende die Preise für ihre Vorjahreskollektionen manchmal um bis zu 80 Prozent reduzieren, lassen Modefreaks sogar auf Gehwegen campen. Die aktuellen Sortimente warten unterdessen in den edlen Boutiquen in Chelseas Meatpacking District – zu den regulären Höchstpreisen, versteht sich.

Vorbei geht es beim Shoppingbummel an Michael Kors' neuem „lifestyle store" im mit schönen Reliefs geschmückten Rockefeller Center. Dann flaniert man weiter zur Madison Avenue, um bei Barneys (linke Seite) ein paar hübsche Teile für den Abend zu erstehen.

Wenn es nicht ganz so luxuriös sein soll wie auf der Fifth Avenue, findet man sicher auch etwas in einer Boutique wie hier in Brooklyn.

Cooles Aussehen muss nicht teuer sein. Aber dafür anstehen muss man schon.

Bei Abercrombie and Fitch an der Fifth Avenue (oben) haben die Verkäufer erkennbar Catwalk-Erfahrung. Und zum Absacken nach dem Edel- (oder auch Schnäppchen-)Shopping geht's dann in eine der Bars in Chelseas Meatpacking District (unten).

Fashion – im Museum und auf der Straße

Das Museum des Fashion Institute of Technology (FIT) zeigt modische Einzelstücke, die Geschichte geschrieben haben: 7th Avenue/Ecke 27th Street, Di.–Fr. 12.00–20.00, Sa. 10.00–17.00 Uhr, www.fitnyc.edu/museum.asp

Das **Fashion Center** ehrt mit dem Walk of Fame 26 Modemacher mit Infoplaketten: An der (auch „Fashion Avenue" genannten) 7th Avenue/Ecke 35th Street los- und in Richtung Süden bis zur 41st Street weitergehen.
www.fashioncenter.com/fashion/fashion-attractions/the-walk-of-fame

Das Zauberwort: Sale

Wie einst Audrey Hepburn in der berühmten Verfilmung von Truman Capotes „Frühstück bei Tiffany" flanieren die reichen Damen der Upper Eastside auf ihren spitzen High Heels, mit Gucci- oder Prada-Tüten die Fifth oder die Madison Avenue entlang und lunchen danach im Fred's, dem schlichten Restaurant bei Barneys. New York lebt von seinen Kontrasten, das ist auch in der Mode so.

Es ist ganz einfach, in Luxuskaufhäusern wie Saks Fifth Avenue oder Bergdorf Goodman 700 US-Dollar für ein Paar Manolo Blahniks auszugeben, gleichzeitig kann man im Big Apple so billig shoppen wie nirgendwo sonst. Irgendwo ist immer „Sale". An Designerständen wie im Chelsea Market bieten Kreative ihre eigenwilligen Stücke noch günstig an – bevor sie von den Glanzblättern entdeckt werden und bei der Fashion Week eine Weltkarriere starten.

Die jungen Modemacher lernen an angesehenen Hochschulen wie Parsons oder am Fashion Institute of Technology (FIT) ihr Handwerk und gehen im Garment District Stoffe, Zwirne und Zubehör einkaufen. Das legendäre Viertel im Westen zwischen 35ster und 42ster ist immer noch Dreh- und Angelpunkt der Industrie. Große Labels wie Calvin Klein haben hier ihre Firmensitze.

Vom guten – also eigenen – Stil

Die größte Kunst im New Yorker Überangebot an Ideen, Farben und Formen ist es nicht (das sagt sogar Madame Wintour), jedem neuen Trend hinterherzuhetzen, sondern vielmehr, (s)einen eigenen „Style" zu finden. Kreativität ist top, Mut zur Eigenwilligkeit wird belohnt, Stil triumphiert auch über das Alter. New York ist eitel und uneitel zugleich. Society-Lady Iris Apfel, Jahrgang 1921 (!), wird wegen ihres Hangs für große Brillen, bunte Gewänder und extravaganten Schmuck als Modeikone gefeiert. Alexander Wang wiederum, Liebling der „Vogue"-Chefin, wurde mit 29 Jahren zum Creative Director der Edelmarke Balenciaga berufen und entwarf in den drei Jahren, die er dort blieb, insgesamt 15 Kollektionen.

MIDTOWN MANHATTAN, CENTRAL PARK
62 – 63

Auch der Apple-Store mit dem Glaskubus als eindrucksvoller Pforte in die schnieke Sein-und-Design-Welt befindet sich an der Fifth Avenue, unweit des Central Park. Schließlich braucht man doch das neue iPhone, iPod oder i-Irgendwas, um die Welt an seinem ganz persönlichen New Yorker Shopping-Glück teilhaben zu lassen.

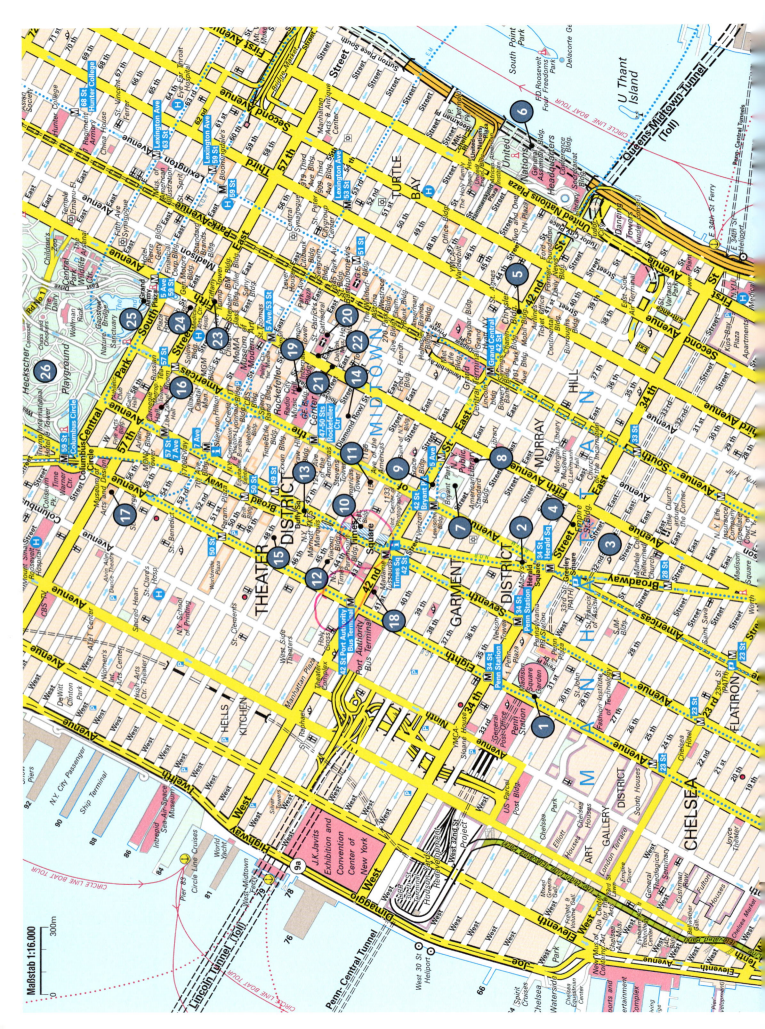

INFOS & EMPFEHLUNGEN

MIDTOWN MANHATTAN, CENTRAL PARK

Im Herz der Stadt

Zwischen Times Square und Fifth Avenue schlägt das geschäftige Herz der Stadt. Hier wird Geld gemacht und Geld ausgegeben, wie an den Shoppingmeilen Fifth Avenue und Madison Avenue. Und mittendrin finden sich Oasen der Ruhe wie der Bryant Park hinter der altehrwürdigen Public Library.

❶–❻ Im Süden und im Osten Midtowns

Monumental recken sich hier zwei der bekanntesten Wolkenkratzer gen Himmel, das Empire State und das Chrysler Building. Zu ihren Füßen wird vor allem geshoppt – aber nicht so teuer wie an der nahen Fifth Avenue.

SEHENSWERT

Ob Sportevent oder Rockkonzert: Im ❶ **Madison Square Garden** (4 Penn Plaza/31st Street, www.thegarden.com) finden genug Besucher Platz, um die Stimmung mächtig nach oben zu treiben. Der nahe **Herald Square** ist Dreh- und Angelpunkt an der 34sten Straße mit vielen günstigen Kleidershops. Pompös prangt das Kaufhaus ❷ **Macy's** (151 West 34th Street, Tel. 212-695-44 00, macysinc.com, Mo.–Do. 10.00–22.00, Fr. schon ab 9.00, So. nur bis 21.00 Uhr) an der Westecke. Es beschert der Stadt nicht nur Schnäppchenpreise, sondern auch das jährliche 4th-of-July-Feuerwerk und die Thanksgiving Parade. Eine Straße weiter östlich tut sich plötzlich eine ganz andere Welt auf: ❸ **Koreatown** (33rd bis 31st Street zwischen Fifth und Sixth Avenue). Die besten Restaurants liegen eng aneinander an den Avenues 33rd und 32nd – es riecht schon auf der Straße nach deftigem Barbeque. Das ❹ **Empire State Building** TOPZIEL (350 Fifth Avenue/33rd Street, 8.00–2.00 Uhr, www.esbnyc.com) beherrscht die Skyline von New York, ein Besuch der Aussichtsplattform ist ein touristisches Muss. Mit seiner Chromspitze, den Wasserspeiern und Adlern ist das ❺ **Chrysler Building** (405 Lexington Avenue/42nd Street) für viele immer noch der schönste Wolkenkratzer der Stadt. In der Lobby dieses Art-déco-Gebäudes kann man die Marmor- und Granitpracht bestaunen. Ganz im Osten hat die ❻ **UNO** ihr Hauptquartier (First Avenue/ 46th Street, Tel. 212-963-44 75, visit.un.org, Mo.–Fr. 9.00–16.30, Sa./So. 10.00–16.30 Uhr). Am Bau des gewaltigen Komplexes der Vereinten Nationen am East River waren bedeutende Architekten wie Le Corbusier und Oscar Niemeyer beteiligt.

UNTERKUNFT

Nicht mitten im Trubel des Times Square, aber nah genug, um zu allen wichtigen Punkten von Midtown laufen zu können, ist das €€€ **TRYP By Wyndham** (345 West 35th Street, Tel. 212 600-24 40, www.tryphotels.com) eine empfehlenswerte Adresse.

❼–❾ Rund um den Bryant Park

Midtown hat nicht nur Schrilles zu bieten, auch stille Momente unter Bäumen sind möglich.

SEHENSWERT

Im ❼ **Bryant Park** (Sixth Avenue, zwischen 40th und 42nd Street, www.bryantpark.org) treffen sich Fashionleute und Manager auf den kleinen grünen Gartenstühlen zum Power-Lunch. Dank kostenlosem Wireless verlegen viele bei schönem Wetter ihr Office mit dem Laptop gleich ins Freie. Aktive zieht es an die Tischtennistische. Im Sommer finden kostenlose Yogastunden, Konzerte und Open-Air-Filmvorführungen statt. Wer den Park wie die New Yorker zur Mittagspause nutzen möchte, wird in den Kaffeehäusern entlang der 40sten Straße fündig. Einfach Snacks wie Backwaren, Suppen oder Salate auf der Karte „to go" bestellen und auf den grünen Stühlen im Park genießen. Am östlichen Ende des Parks thront die

Macy's: mit 198 500 Quadratmetern Fläche auf zehn Etagen das größte Warenhaus der Welt

❽ **New York Public Library** (Fifth Avenue/ 42nd Street, www.nypl.org, Mo., Do.–Sa. 10.00 bis 18.00, Di./Mi. 10.00–20.00, So. 13.00–17.00 Uhr), flankiert von zwei steinernen Löwen. Prunkstück der 1911 eröffneten Bibliothek ist der majestätische Rose Main Reading Room mit seinen Holzbalkonen, der 15 Meter hohen Decke und den Messinglampen. Nördlich des Parks ragt das ❾ **Bank of America Building** (One Bryant Park zwischen 42nd und 43rd Street) 443 Meter (inklusive Mast) in die Höhe.

UNTERKUNFT

Mit seiner schwarz-goldenen Fassade beherrscht das aufstrebende €€€€ **Bryant Park Hotel** (40 West 40th Street, Tel. 212-869-01 00, www.bryantparkhotel.com) die Skyline um den Park. Manche der 128 Luxuszimmer haben einen eigenen Dachgarten.

❿–⓲ Times Square und Broadway

Der an der Kreuzung von **Broadway** TOPZIEL und Seventh Avenue liegende ❿ **Times Square** TOPZIEL ist der perfekte Ort, um New Yorks Energie aufzusaugen, und der ideale Ausgangspunkt, um das Herz der Stadt zu erkunden.

INFOS & EMPFEHLUNGEN

SEHENSWERT

Das im Jahr 1900 eröffnete **New Victory Theater** (209 West 42nd Street, Tel. 646-223-3010, www.newvictory.org) ist das älteste Schauspielhaus am Platz. Ein Stück Zeitgeschichte vermittelt auch das ⑪ **Belasco Theater** (111 West 44th Street, Tel. 212-239-62 00), dessen Inneres Tiffany-Glaskunst schmückt. Nach der Eröffnung im Jahr 1907 standen hier große Stars wie Humphrey Bogart und Marlon Brando auf der Bühne. Gerade mal 90 Meter lang ist die ⑫ **Shubert Alley** (Eighth Avenue und Broadway/West 44th Street bis 45th Street). Im Majestic Theatre hält „The Phantom of the Opera" mit über 12 400 Aufführungen den Rekord für das meistgespielte Musical am Broadway. Neuer Mittelpunkt des Times Square ist der ⑬ **Duffy Square** (West 46th Street bis 47th Street/7th Avenue, www.tdf.org/tkts) mit seiner knallroten Sitztribüne und dem Ticketkiosk. Er eignet sich zum Treffen, Fotografieren und Abstauben günstiger Theaterkarten – Rush Tickets für den gleichen Tag gibt es bis zu 50 Prozent reduziert. Allerdings sollte man dafür Ausdauer und Bargeld mitbringen. Der Stand öffnet um 10.00 Uhr. Eine komplett andere Glitzerwelt eröffnet sich entlang der 47sten Straße zwischen Fifth und Sixth Avenue: Die ⑭ **Diamond Row** (West 47th Street ist das Zentrum des Edelsteinhandels. Über 2600 Unternehmen haben sich hier niedergelassen, und so manch hochdotierter Handel wird hier noch immer mit einem Handschlag besiegelt. Musiker und Liebhaber schöner Instrumente zieht es in die ⑮ **Music Row**. Stars wie Eric Clapton, Jimi Hendrix und die Rolling Stones kauften hier schon ein. Von den steigenden Mieten der Stadt bleiben aber auch die Besitzer der Musikaliengeschäfte nicht verschont, weshalb viele schließen mussten. **Steve Maxwell Vintage & Custom Drums** (723 7th Ave, Ecke 48th Street) hält sich aber hartnäckig. Fernab vom wilden Trubel am Broadway lebt die Klassik in der ⑯ **Carnegie Hall** (881 7th Avenue/57th Street, Tel. 212-247-78 00, www.carnegiehall.org). Die legendäre Akustik des Hauses ist bis heute ein Magnet für Besucher wie Künstler. Der ⑰ **Hearst Tower** (300 West 57th Street/8th Avenue, www. hearst. com) ist ein Glanzpunkt der Skyline von Midtown. Seine ursprüngliche Art-déco-Basis wurde noch vom Medienmogul William Randolph Hearst selbst in Auftrag gegeben. Heute thront ein moderner Glas- und Stahlbau von Norman Foster oben drauf. Bei ⑱ **Madame Tussaud's** (234 West 42nd Street, Tel. 866-841-3505, www.madametussauds.com/newyork/) gibt's Stars in Wachsform.

RESTAURANT

Klassische amerikanische Kost aus Burger, Hotdogs oder Chicken Wings wird am Times Square vielfach angeboten – das beste Barbecue mit Memphis-Ribs und Pulled Pork gibt es bei € € **Virgil's** (152 West 44th Street, Tel. 212-921-94 94, www.virgilsbbq.com).

UNTERKUNFT

Mit seinem doppelseitigen Kamin und einer kunstvollen Bauminstallation in der Lobby ist das € € **Muse Hotel** (130 West 46th Street, Tel. 212-485-2400, www.themusehotel.com) eine Abwechslung vom Trubel der nahen Neonlichter. Die Zimmer sind manhattantypisch klein, aber funktional und frisch renoviert.

⑲ – ㉑ Rund um das Rockefeller Center

Der Mega-Komplex des ⑲ **Rockefeller Center** TOPZIEL zwischen 6th und Fifth Avenue ist eine Stadt in der Stadt. Hier treffen sich Entertainment, Shopping, Kunst und hektischer Büroalltag unter einem Dach.

SEHENSWERT

Im Art-déco-Gewand der **Radio City Music Hall** werden jährlich die MTV Music Awards,

> ### Tipp
> ## In Teufels Küche
>
> **Hell's Kitchen**, die Gegend unmittelbar westlich des Times Square, hatte lange Zeit den Ruf eines Schmuddelviertels. Rund um den Busbahnhof **Port Authority** hielten sich bis vor wenigen Jahren Prostitution und Drogenhandel, doch spätestens mit dem Umzug der „New York Times" vom Times Square zur Eight Avenue hat sich die Gegend gewandelt. Eine neue, junge Bevölkerung zog ein und mit ihr ein lebendiges Nachtleben. Abseits des Touristenrummels am Times Square lässt es sich in Bars wie **Rudy's** (www.rudysbarnyc.com) oder **Réunion** (www.reunionbar.com) vortrefflich versacken, entlang der Ninth Avenue siedelte sich eine Ansammlung ebenso günstiger wie erstklassiger ethnischer Restaurants an. Musikaliengeschäfte (Abb. unten: an der 48sten Straße) künden von einer lebendigen Szene. Ein Highlight: das **Birdland** (www.birdlandjazz.com), einer der besten Jazzclubs der Stadt.
>
> **INFORMATION**
> www.hellskitchen.bz

Die berühmte Radio City Music Hall beim Rockefeller Center: If you can make it there, you can make it everywhere!

die Tonys und die Grammys verliehen. Bei seiner Eröffnung im Jahr 1932 war der Saal mit 5933 Plätzen das größte Filmtheater der Welt. In den Wintermonaten versetzen die langbeinigen Rockettes mit einer bunten Varieté-Show Besucher in Weihnachtsstimmung. Den schönsten Rundum-Ausblick gibt es vom **Top of the Rock** (50th Street zwischen Fifth und 6th Avenue, www.topoftherocknyc.com, tgl. 8.00 bis 24.00; der letzte Aufzug fährt um 21.15 Uhr). Hier sind die Schlangen nicht ganz so lang wie am Empire State Building, und das Warten wird mit den besten Fotoperspektiven auf King Kongs Lieblingshochhaus belohnt. Die monumentale **Atlas Statue** am Eingang von 630 Fifth Avenue an der 50th Street ist das Wahrzeichen des Rockefeller Center. Das fast fünf Meter hohe und sieben Tonnen schwere Werk des Bildhauers Lee Lawrie wurde 1937 enthüllt und stellt den griechischen Gott mit dem Himmelreich auf seinen Schultern dar. Gegenüber dem bronzegrauen Monument erhebt sich die schneeweiße ⑳ **St. Patrick's Cathedral** (Fifth Avenue zwischen 50th und 51st Street, tgl. 6.30–20.45 Uhr) mit ihren charakteristischen emporragenden Spitztürmen. Die katholische Kathedrale im neugotischen Stil hat zwei Orgeln und zwei Altäre, einer wurde von Tiffany & Co. entworfen. Daneben nimmt ㉑ **Saks Fifth Avenue** (611 Fifth Avenue, Mo. bis Sa. 10.00–20.30, So. 11.00–19.00 Uhr) einen ganzen Block ein. Das 1924 eröffnete Luxuskaufhaus ist nicht nur ein Anlaufpunkt für teure Geschenke – vor allem zur Weihnachtszeit lohnt sich ein Blick entlang der weitläufigen Fassade: Dann erstrahlen Sterne und eine Lichtershow mit Musik auf dem Gebäude. Baseballfans decken sich im **Yankee Club House** (745 7th Avenue, Tel. 212-391-03 60) mit sportlichen Shirts, Kappen oder Schlüsselanhängern ein. Wenn Spieler zu Autogrammstunden in den Laden kommen, bilden sich davor enorme Schlangen.

㉒ – ㉖ Fifth Avenue bis Central Park

An der edlen Shopping-Meile **Fifth Avenue** TOPZIEL unterhalb des Central Park haben alle großen Designer ihre Flagshipstores, mittlerweile gibt es aber auch genug Günstiges zwischendrin: Ketten wie Uniqlo oder Zara präsen-

MIDTOWN MANHATTAN, CENTRAL PARK
66 – 67

tieren sich in ähnlich pompösen Häusern wie die ganz teuren Marken.

SEHENSWERT

Das ㉒ **Charles Scribner's Sons Building** (597 Fifth Avenue zwischen 48th und 49th Street) wurde 1912/1913 für Scribner's Bookstore gebaut und von Ernest Flagg in Beaux-Arts-Architektur entworfen. Heute befindet sich hinter der schwarz-goldenen Pergola mit einer riesigen Glasfront und pompösen Säulen ein Geschäft der Kosmetikkette Sephora. Das ㉓ **Trump Building** (725 Fifth Avenue/56th Street) steht seit der Präsidentschaftswahl 2016 unter besonderer Beobachtung – auch wenn der US-Präsident nicht im Gebäude ist, das Security-Aufgebot ist riesig. Trotzdem könnte man einen kurzen Blick auf die pompöse Innenausstattung werfen. Gleich nebenan wartet noch mehr Glamour: **Tiffany & Co.** (727 5th Avenue/57th Street, www.tiffany.com) gilt nicht erst seit Audrey Hepburn als eine der teuersten Adressen der Stadt. Im herrschaftlichen Haus funkelt und glitzert es in den Auslagen, es gibt aber auch Andenken wie Schlüsselanhänger oder Tassen unter 100 Dollar. Diese werden dann genau wie die teuren Schmuckstücke auch in die typisch türkisgrünen Schächtelchen und Tüten gepackt. Die Schaufensterdekoration des Edelkaufhauses ㉔ **Bergdorf Goodman** (754 Fifth Avenue, zwischen 57th und 58th Street, www.bergdorf goodman.com) kann leicht mit Kunst verwechselt werden, vor allem zur Weihnachtszeit. Das in einem ehemaligen Vanderbild Mansion untergebrachte Glamourhaus hatte schon immer einen Hang zur Übertreibung, hielt sich aber selbst in der Wirtschaftskrise der späten 1920er-Jahre gut im Geschäft: Bergdorf war das erste Kaufhaus, das damals „Ready-to-wear- Fashion", also Kleider von der Stange und ohne Anpassen, anbot. Der scheinbar schwebende weiße Glaskasten auf der Plaza zwischen 58ster Straße und Central Park South ist mittlerweile zu einem modernen Wahrzeichen Midtowns geworden: Der erste **Apple Store**, der niemals schließt – für die Stadt, die niemals schläft. Mehr als 300 Mitarbeiter kümmern sich rund um die Uhr um die Kunden, die über eine spiralförmige Treppe ins Untergeschoss strömen, um dort die neuesten Produkte auszuprobieren. Gegenüber wartet ein Stück altes New York: das ㉕ €€€€ **Plaza Hotel** (768 5th Avenue, Tel. 212-935-4534, www.theplaza.com). Truman Capote lud hier Stars und Künstler zu seinen legendären Schwarz-Weiß-Bällen ein, die Beatles und die Stones stiegen im schlossartigen Hotel hinter dem Brunnen ab. 2008 wurde es für 400 Millionen US-Dollar umgebaut und besteht nun aus 282 Luxushotelzimmern und 152 Luxuswohnungen. Modedesigner Tommy Hilfiger gehört die zweistöckige Turmwohnung mit Blick auf den Central Park.
Der ㉖ **Central Park TOPZIEL** ist mit rund 350 Hektar Fläche einer der größten Stadtgärten der Welt. Nach Feierabend und an den Wochenenden verwandelt sich die grüne Oase auch in ein gigantisches Sportgelände (siehe DuMont-Aktiv, rechts).

Genießen   Erleben   Erfahren

Sport am und im Park

DuMont Aktiv

Wer glaubt, die New Yorker seien reine Kultursnobs und der körperlichen Ertüchtigung nicht sehr zugetan, der sollte sich am Feierabend einmal an die zehn Kilometer lange Straße stellen, die rund um den prachtvollen Park führt: So viele Jogger, Skater und Rennradfahrer wie hier findet man kaum anderswo.

Dass die Sport treibenden Massen nicht ständig aneinandergeraten, ist wohl nur dem Geschick der New Yorker zu verdanken, sich noch durch den dichtesten Verkehr fortzubewegen. Wer also während seiner New-York-Reise nicht auf sein gewohntes Fitnessprogramm verzichten möchte, der ist hier genau an der richtigen Stelle. Zum Joggen kann man die große Schleife wählen, die sich aber an der 72sten und der 102ten Straße jeweils noch abkürzen lässt.

Wer lieber nicht auf Asphalt läuft, der trabt rund um den alten Pferdepfad am Reservoir, wo schon Dustin Hoffman für den Film „Marathon Man" seine Runden drehte. Radfahrer können Räder aller Klassen vom Cruiser bis zum Rennrad vor der Tavern on the Green stundenweise mieten – und ab geht es auf die Piste am grünen Park.

Weitere Informationen

Die Straße rund um den Central Park ist bis auf die Rush Hour (8.00–10.00 und 17.00–19.00 Uhr) werktags für den Autoverkehr gesperrt und gehört dann also ganz den Sportlern; für die vielen Jogger, Radfahrer und Skater gibt es hier jeweils eigene Spuren. Wer über kein eigenes Bike verfügt: Einen Radverleih gibt es bei Bike and Roll, 68th Street und Central Park West.

MUSEEN UND GALERIEN
68 – 69

Hauptstadt der Kunst

Im 19. Jahrhundert war New York noch eine kulturelle Provinz. Doch spätestens seit dem Ende des Zweiten Weltkriegs hat sich die Stadt zum Zentrum des Weltkunstmarkts sowie zum internationalen Trendsetter aufgeschwungen. New Yorks Galerien zeigen, was gerade angesagt ist oder demnächst angesagt sein wird, und in den Museen hängt, was zum Kanon der Kunstgeschichte gehört.

Auf der Dachterrasse des Metropolitan Museum of Art werden temporäre Ausstellungen gezeigt: hier „Cloud City" des argentinischen Performance- und Installationskünstlers Tomás Saraceno.

Mehr als zwei Millionen Exponate aus 5000 Jahren Kunstgeschichte machen den Besuch des Metropolitan Museum of Art (ganz oben links; oben und rechts die Sammlung moderner und zeitgenössischer Kunst) zu einem Erlebnis. Ganz oben rechts: In Frank Lloyd Wrights Museumsbau für die Sammlung des Millionärs Solomon R. Guggenheim windet sich eine Rampe fünfmal um die Rotunde im Inneren.

Sechzehn Jahre lang dauerte es bis zur Eröffnung des Guggenheim-Museums (1959). Anfangs umstritten, ist der Bau heute nicht minder berühmt als die darin zu besichtigende Kunst.

> „Kunst ist das, was uns tagtäglich umgibt."
>
> Roy Liechtenstein

Der Durchgang zum Shuttle in Richtung Grand Central Terminal im U-Bahnhof Times Square ist einer der geschäftigsten Orte in ganz Manhattan. Rund anderthalb Millionen Menschen hasten jeden Tag durch den niedrigen Gang, über den sich freiliegende Stahlträger spannen, um ihren Anschlusszug zu erwischen. Nicht gerade ein Ort, der zur Kontemplation hoher Kunst einlädt. Und doch findet man hier, mitten im dicksten Strudel der New Yorker Betriebsamkeit, das Original eines der bedeutendsten Künstler Amerikas. Vier Meter breit ist das in seinem charakteristischen Comicstil gemalte „Times Square Mural" der Pop-Art-Ikone Roy Liechtenstein, das die New Yorker U-Bahn am Times Square/Ecke 42ste Straße zelebriert, als Verneigung des Künstlers vor dem unterirdischen Kreislaufsystem, das seine Heimatstadt am Leben erhält.

Die New Yorker machen nicht viel Aufhebens um das Stück, sie nehmen es als durchaus bereichernden, aber selbstverständlichen Teil ihres Alltags hin. Das Gleiche gilt für das Werk des Minimalisten Sol Le Witt im Treppenaufgang der U-Bahn-Station Columbus Circle. Und für die Skulptur von Mark di Suvero am Zuccotti Park, auf die während der Occupy-Wall-Street-Proteste die Demonstranten kletterten, um durch ihr Megafon Parolen zu skandieren.

Kunst als Pflicht(programm)

Für die New Yorker gehört Kunst zum Leben wie die gelben Taxis in den Straßen oder die Neonlichter am Times Square. New York hat die beeindruckendsten Privatsammlungen der Welt, eine unvergleichliche Dichte an wichtigen Museen und die umsatzstärksten Auktionshäuser. Auch deshalb ist für die verwöhnten New Yorker Kunst auf Weltniveau kein Luxus, sondern Normalität. Die meisten von ihnen sind Mitglied in mindestens einem der großen Museen, dem MoMA, dem Metropolitan oder dem Guggenheim. Ein Besuch der großen saisonalen Ausstellungen ist Pflicht – und sei es auch nur, um beim Small Talk der Dinnerpartys mitreden zu können. Zu den samstäglichen Lieblingsritualen der New Yorker gehört ein Streifzug durch das Galerienviertel Chelsea, und wer es sich nur irgendwie leisten kann, der sammelt auch selbst Kunst.

Manhattan setzt Maßstäbe

New York ist unbestritten noch immer eine der großen Kunstmetropolen der Welt, auch wenn in den vergangenen 20 Jahren andere Orte rund um die Welt an Bedeutung gewonnen haben. Neben den

Nichts weniger als „the greatest museum of modern art in the world" wollte Afred H. Barr, Jr., der erste Direktor des Museum of Modern Art, in Midtown Manhattan realisieren.

Hoch gestapelt: Das New Museum an der Bowery in Downtown, 2007 eröffnet.

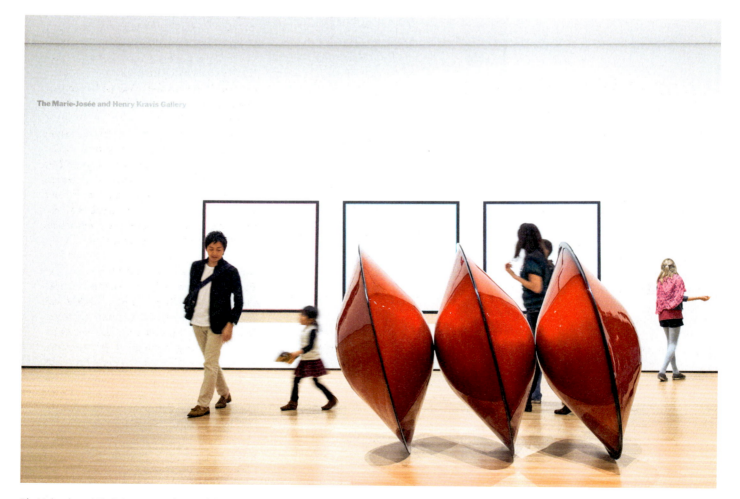

Die Malerei- und Skulpturensammlung auf der 4. und 5. Etage des MoMA umfasst 3600 Werke vom späten 19. Jahrhundert bis zur Gegenwart. Dazu gehören hier Jo Baers „Primary Light Group: Red, Green, Blue" (1964–1965) und DeWain Valentines „Triple Disk Red Metal Flake – Black Edge" (1966).

Frauenpower: Abby Aldrich Rockefeller, Lillie P. Bliss und Mary Quinn Sullivan gründeten im Jahr 1929 das Museum of Modern Art – hier mit Aristide Maillols „The River" (1938–1943) im Skulpturengarten –, dessen Ausstellungsfläche rund 58 000 Quadratmeter groß ist.

Public Art

Kunst für jedermann

Special

Kunst findet in New York nicht nur in den Museen statt, sie ist überall. Man muss nur die Augen aufhalten. Es gibt wohl keine andere Weltmetropole, die so viel dafür tut, ihren öffentlichen Raum mit großartiger Kunst anzureichern. Begonnen hat die Public-Art-Bewegung in den 1980er-Jahren, als alle Anstrengungen unternommen wurden, die heruntergekommene Stadt wieder ansehnlich zu machen. Bei der Sanierung jedes öffentlichen Gebäudes und jeder U-Bahn-Station musste ein gewisser Anteil des Budgets für Kunst ausgegeben werden. Resultat: New Yorks U-Bahn-Netz ist heute das größte kostenlose Kunstmuseum der Stadt mit Weltklassekünstlern wie Sol Le Witt, Roy Liechtenstein und Elizabeth Murray. Auch jede Müllverbrennungsanlage und jede Grundschule trägt ein Werk eines zeitgenössischen Künstlers. Zur städtischen Initiative für öffentliche Kunst gesellen sich eine Fülle priva-

Sol Le Witts „Whirls and Twirls (MTA)" an der U-Bahnstation Columbus Circle.

ter Initiativen für öffentliche Kunst. So machte der Bildhauer Mark di Suvero in Queens ein stillgelegtes Gelände am Fluss zum Experimentierfeld für Künstler. An der Houston Street und an der Park Avenue haben die besten zeitgenössischen Graffitikünstler Zeichen gesetzt. Und auf den Plätzen vor den Bürotürmen stellen große Firmen Skulpturen namhafter Künstler wie Claes Oldenburg aus.

traditionellen Rivalen London und Paris wird immer mehr über Berlin, Barcelona und Bilbao sowie über Shanghai und Moskau gesprochen. Doch die Auktionen und die großen Ausstellungen in Manhattan setzen noch immer international die Maßstäbe.

Dabei hat New York anders als etwa Paris gar keine lange Tradition als Nährboden für die Künste. Die längste Zeit seiner nun rund 400 Jahre währenden Geschichte interessierte man sich hier kaum für die Kunst. New York war immer zuvorderst Handelsstadt, alles drehte und dreht sich um die Geschäfte.

Kunstsammeln als Sport?

Für Feinsinn und Geschmack war weder viel Zeit noch Raum. Erst nachdem die großen Industriekapitäne im goldenen Zeitalter des amerikanischen Kapitalismus, dem ausgehenden 19. Jahrhundert, so immense Vermögen angehäuft hatten, dass sie kaum noch wussten, was sie damit anfangen sollten, kam die Kunst ins Spiel. Europäische Klassiker zu sammeln, wurde plötzlich ein Sport, reiche Familien wie die Rockefellers, Vanderbilts und Morgans veranstalteten regelrechte Raubzüge über den Atlantik hinweg. Sichtbarste Spuren davon sind noch heute die weltberühmte, öffentlich zugängliche Kollektion des Stahlmagna-

„Connecting Cultures" heißt diese Ausstellung im Brooklyn Museum.

Alpenländische Kunst des 20. Jahrhunderts – hier mit Gemälden von Ferdinand Hodler (links im Bild) und Klimt – in der Neuen Galerie an der Fifth Avenue.

MUSEEN UND GALERIEN

Das American Museum of Natural History besitzt die weltgrößte Sammlung von Saurierskeletten.

In fast 25 000 Exponaten bewahrt das Museum of Jewish Heritage – A Living Memorial to the Holocaust – das kulturelle Erbe der Juden.

ten Frick an der Fifth Avenue oder das mittelalterliche Kloster samt Kunstschätzen im Norden Manhattans, das John D. Rockefeller einschiffen und an diese Stelle verfrachten ließ.

Bescheidene Anfänge

Die Lust des New Yorker Geldadels am Sammeln führte dann auch im Jahr 1870 zur Gründung des Metropolitan Museum of Art, das heute in eine Riege mit dem British Museum in London und dem Louvre in Paris gehört. New York befand sich im Aufbruch, und so glaubte eine Gruppe New Yorker Geschäftsleute und Sammler, die Stadt brauche auch ein Museum von Weltrang. Eine Bürgerstiftung wurde gegründet, die zwar zunächst nur eine bescheidene Sammlung von 174 Bildern aufwies, aber darunter immerhin Werke von Tiepolo, Van Dyck und Poussin. Und doch blieb noch lange Paris das Zentrum des Kunstgeschehens, der Ort der Innovation. Während die Impressionisten in Europa bereits in die Moderne aufbrachen, malten US-amerikanische Künstler immer noch Landschaften in romantischer Manier. Anschluss an die Moderne fand das ansonsten allem Neuen höchst zugetane New York erst im Jahr 1913, als zwei New Yorker Künstler, Walt Kuhn und Arthur Davies, von einer Europareise zurückkamen und zutiefst aufgewühlt berichteten, was sie dort erlebt hatten. Sie hatten Werke von Cézanne und Gaugin, Picasso, Kirchner und Duchamp gesehen, eine ganz neue Art, Kunst zu machen, erlebt, und das wollten sie nun auch in Amerika zeigen.

Aufbruch in die Moderne

Die Armory Show, in einem alten Waffendepot an der Lexington Avenue abgehalten, gilt bis heute als die Geburtsstunde der US-amerikanischen Moderne. Was Kuhn und Davies dort zeigten, erregte die New Yorker Öffentlichkeit zutiefst. Ein Kritiker hielt die kubistischen Werke für eine Ausgeburt des Hässlichen und befand, die Künstler bräuch-

Vor dem Auktionshaus Christie's (6th Avenue/ Ecke 49th Street).

Matthew Marks Gallery (523 West 24th Street): In den letzten Jahren zogen viele New Yorker Galerien von SoHo nach Chelsea um.

Ebenfalls in Chelsea findet man die Tanya Bonakdar Gallery (521 West 21st Street), hier mit einer Installation von Tomás Saraceno.

Von Galerie zu Galerie: Auf den Spuren der (Gegenwarts-)Kunst in Chelsea kommt man ...

... auch zur Galerie The Pace (510 West 25th Street, hier mit Werken von Claes Oldenburg und Coosje van Bruggen), deren Künstlerliste sich liest wie ein „Who is who" moderner Kunst.

ten dringend einen Nervenarzt. Andere, vor allem junge amerikanische Künstler, hielten die Armory Show für eine Offenbarung. Die Saat war gelegt. Eine neue amerikanische Künstlergeneration begann mit der Abstraktion zu experimentieren, und die vermögenden Familien fingen damit an, auch die modernen Europäer zu sammeln. Insbesondere die Frau des Ölmagnaten John D. Rockefeller, Abby Aldrich Rockefeller, verliebte sich in die Kunst und fuhr immer häufiger nach Europa zum Einkaufen. 1929 hatte sie ein stattliches Portfolio zusammen und eröffnete an der 57sten Straße das Museum of Modern Art (MoMA), heute die bedeutendste Institution für die Kunst des 20. Jahrhunderts; ein Palast aus Glas und Stahl mit einer wirklich exquisiten Sammlung.

Moderne Zeiten
Mit dem MoMA und dem Metropolitan Museum of Art sowie dem Whitney Museum of American Art, das 1931 von der Tochter des Eisenbahnmoguls Cornelius Vanderbilt gegründet wurde, verfügte New York nun über die geeigneten Institutionen, um eine Kunststadt von internationalem Rang zu werden. Allerdings bedeutete der Zweite Weltkrieg auch hier eine Zäsur. Einerseits war man in dieser Zeit vom Rest der Welt mehr oder weniger abgeschnitten, andererseits kamen in den Kriegsjahren viele europäische Künstler und Intellektuelle in die USA, die vor den Nazis flohen. Unter ihnen waren Max Ernst und Salvador Dalí, André Breton und noch viele andere. Sie alle hatten einen entscheidenden Einfluss auf jene Generation US-amerikanischer Künstler, die dann ab dem Ende der 1950er-Jahre international tonangebend wurden.

Ein neues Kapitel moderner Kunst
Schon bald nach dem Krieg fand sich eine lose Gruppe von Künstlern zusammen, die sich „New York School" nannte. Zu ihr gehörten spätere Weltstars wie Jackson Pollock und Willem de Kooning. Sie schrieben ein neues Kapitel moderner Kunst, geprägt auch vom Unbehagen an der Massenkultur im Nachkriegsamerika. Die New York School läutete aber vor allem auch eine Epoche unvergleichlicher künstlerischer Produktivität in New York ein. Künstler bevölkerten die Lofts in SoHo wie im East Village und verwandelten sie in Studios und Galerien. Es entstand eine eng zusammenhängende Szene, in der fieberhaft gearbeitet, diskutiert und gestritten wurde. Und bald kamen Künstler und Intellektuelle aus der ganzen Welt, um daran teilzuhaben. Auf diesem Nährboden entwickelten sich der abstrakte Expressionismus, der Minimalismus sowie in den 1960er- und 1970er-Jahren Pop Art und Avantgarde.

In Downtown Manhattan spürt man allerdings von diesem kreativen Geist heute nur noch wenig. In Chelsea gibt es zwar noch eine Menge Galerien – das

Die New York School läutete eine Epoche unvergleichlicher Produktivität ein.

Viertel ist inzwischen aber weniger ein Labor für künstlerische Ideen als eine riesige Shopping Mall, eine Art überdimensionaler Ausstellungsraum des aufgeblähten internationalen Kunstmarkts, in dem ungeachtet jeder Krise immer

Kunst und Kleinkunst im High Line Park (diese Seite unten und rechte Seite oben). Rechts: Street Art des in Brooklyn lebenden und arbeitenden Künstlers Dain. Rechte Seite unten: Niki de Saint Phalles „Drei Grazien" an der Park Avenue/Ecke 57th Street.

absurdere Summen für Kunstwerke ausgegeben werden. Gerade die Stars der ehemaligen New Yorker Avantgarde wie Warhol, de Kooning oder Dan Flavin gehören zu den Topsellern. Eine recht vitale Künstler-Community gibt es derweil nur noch in Außenbezirken wie Bushwick, einem Stadtteil von Brooklyn, in dem sich Künstler die Mieten für das Wohnen und Arbeiten noch leisten können. Das teure Manhattan kann dagegen nur bezahlen, wer es bereits geschafft hat, wessen Werke bei Sotheby's und Christie's auf den Block gehen oder wer von den Supergalerien Gagosian oder Zwirner vertreten wird.

Schlaraffenland mit Nischen

Für den kunstinteressierten Besucher bleibt Manhattan dennoch ein wahres Schlaraffenland. Allein im MoMA und im Metropolitan Museum of Art ließen sich Wochen damit zubringen, den Reichtum der Sammlung und die spannenden, aufwendig kuratierten Sonderausstellungen zu sehen. Dann war man aber noch nicht im Guggenheim, in der Frick Collection, in der kleinen, feinen Neuen Galerie oder dem Whitney, das im Mai 2015 seine Bestände zeitgenössischer amerikanischer Kunst von der Upper East Side in den 422 Millionen Dollar teuren Bau von Stararchitekt Renzo Piano im Meatpacking District umzog.

Immerhin: Auch auf der Lower East Side gibt es noch einige Undergroundgalerien, in denen es mehr um Kunst und Ideen geht als um den höchsten Preis. Wer etwa in den ehemaligen Sexclub an der Houston Street eintritt, in dem sich das Künstlerkollektiv Participant Inc. eingerichtet hat, der wird dort ein wenig vom Geist der 1970er-Jahre wiederfinden, als in Downtown Manhattan noch gemalt und gebildhauert wurde, ohne zuerst an die Karriere zu denken. Ob die dort ausgestellten jungen Künstler immer den Geschmack der Besucher treffen, steht freilich auf einem anderen Blatt. Aber es lohnt sich, das Risiko einzugehen. Für die Künstler wie für die Besucher.

DUMONT THEMA

MUSIKMETROPOLE NEW YORK

Blaue und andere Noten

Der Beat von New York reißt niemals ab. Die Musik spielt immer und überall, ob in der U-Bahn, in den Clubs oder am Broadway.

MUSEEN UND GALERIEN
80 – 81

Es gibt kaum ein amerikanisches Musikgenre, in dem New York nicht wegweisend war. Die Harlemer Jazzer Duke Ellington, Billie Holiday und Thelonius Monk waren Weltstars, deren Ruhm ihr Leben überdauert hat. Das Broadwaymusical ist eine New Yorker Erfindung, und die zahllosen Pop- und Rockschuppen der Stadt bringen immer wieder verlässlich Trends hervor, die schließlich um die Welt wandern – ob es der Punk der Ramones war, der Hip-Hop aus der Bronx oder Stilikonen wie Lady Gaga, die noch vor zehn Jahren durch die Clubs der Lower East Side tingelte.

Was hätten Sie denn gern?

Um sich in dieser Fülle zurechtzufinden, muss man schon genau wissen, was man will. Soll es ein kleiner intimer Jazzclub in Harlem sein? Ein Musical? Ein Indie-Konzert oder eine Techno-Party in Brooklyn? Ein Kammerkonzert oder eine Oper an der MET? Ein Gottesdienst mit Gospelmusik? Experimentelles im Club der Avantgardelegende John Zorn, The Stone? Rhythm and Blues im berühmten Oak Room, der Pianobar des Algonquin Hotel? Oder sollen es vielleicht afrikanische Klänge im frankoafrikanischen Barbes in Park Slope sein?

Wer den Veranstaltungskalender der Stadtzeitschrift „Time Out" aufschlägt, der wird schier erschlagen von der überwältigenden Fülle an Musikangeboten in dieser Stadt. Um die teilweise extrem teuren Ticketpreise zu umgehen, lohnt es sich, am Vormittag am Ticketkiosk TKTS mitten auf dem Times Square nach Last-Minute-Angeboten zu suchen.

Auch die Eintrittspreise in den namhaften Jazzclubs sind saftig. Eine preisgünstige Alternative ist das Smalls, nur wenige Straßen vom Village Vanguard entfernt. Für pauschal 20 Dollar kann man in dem engen Kellerraum bis in die Morgenstunden an der Theke stehen und sich den Jams der nicht immer bekannten, aber immer hervorragenden Combos hingeben. An der Lower East Side versammeln sich ein gutes Dutzend der bekanntesten Indie-Rock-Clubs der Stadt, von Arlene's Grocery über den Bowery Ballroom, die Mercury Lounge bis hin zum Pianos und dem Bowery Electric. Zu den beliebtesten Dance-Clubs gehören der Bunker in Brooklyn für elektronische Musik, das Cielo im Meatpacking District für Funk und Hip-Hop und das Santos Party House für House Music. Aber: Sich zu New Yorker Clubs Eingang zu verschaffen, kann zu einer Geduldsprobe werden. Männer ohne Damenbegleitung haben ganz schlechte Karten.

Draußen und umsonst: Hip-Hop am Union Square (oben), Jazz in Brooklyn (unten). Linke Seite: Blues im The Shrine (Harlem).

Nightclubbing in Harlem: New York ist unangefochten die Nummer eins in der US-amerikanischen Musikszene.

Was, wann, wo?

Die ausführlichsten Kalender mit den Angeboten der Woche bietet zweifelsohne das „Time Out", dessen aktuelle Listen auch unter **www.timeout.com/newyork** im Internet stehen. Oft hilfreicher ist jedoch das „New York Magazine", das stärker vorauswählt und klare Empfehlungen ausspricht (**www.nymag.com**).

INFOS & EMPFEHLUNGEN   MUSEEN UND GALERIEN

Kaleidoskop der Kunst

New York hat die besten Museen der Welt mit den reichsten Sammlungen: Das MoMA, das Guggenheim, das Metropolitan und das Whitney sind nur die herausragenden Protagonisten des Museumsmekkas Manhattan. Daneben bietet die Stadt dem kunstinteressierten Besucher auch eine lebendige zeitgenössische Kunstszene mit vielen Galerien.

❶–❻ Downtown

An der Südspitze der Battery Park City bewahrt das ❶ **Museum of Jewish Heritage** in annähernd 25 000 Exponaten das kulturelle Erbe der Juden. Sehenswert ist auch der von den Architekten Kevin Roche und John Dinkeloo entworfene Museumskomplex selbst: Der dreistöckige, von einer sechsstufigen Dachpyramide gekrönte Bau steht auf einem sechseckigen Grundriss, wobei sich die Zahl sechs auf die Ecken des Davidsterns ebenso bezieht wie auf die sechs Millionen im Holocaust ermordeten Juden. Drei mal sechs ergibt aber auch die Zahl 18, die im Hebräischen für das Wort „chaim" („Leben") steht. Das passt zur inhaltlichen Ausrichtung des Museums, mit der nicht nur an das Schicksal der Juden im 20. Jahrhundert erinnert, sondern auch Hoffnung für die Zukunft gemacht werden soll (Edmond J. Safra Plaza/36 Battery Place, Tel. 646-437-42 02, www.mjhnyc.org, So. bis Di. 10.00–18.00, Mi./Do. 10.00–20.00, Fr. bis 17.00 Uhr; Mi./Do. 16.00–20.00 Uhr freier Eintritt). Einen Rundgang durch **Chinatown** beginnt man am besten im ❷ **Museum of Chinese in America**, das nicht nur über die Geschichte von Chinatown, sondern über die Geschichte der chinesischen Einwanderer in den gesamten USA informiert (215 Centre Street, www. mocany.org, Tel. 212-619-47 85, tgl. außer Mo. 11.00–18.00, Do. 11.00–21.00 Uhr; erster Do. im Monat freier Eintritt). Der bemerkenswerte Museumsbau wurde von der chinesischstämmigen Künstlerin Maya Lin gestaltet, die unter anderem das Vietnamkriegsdenkmal in Washington entworfen hat.

Die ❸ **Lower East Side** gehört heute ganz der jungen, experimentellen Kunst und Kultur. Am eindrucksvollsten repräsentiert wird sie vom **New Museum of Contemporary Art** (235 Bowery, Tel. 212-219-12 22 , www.newmuseum.org, Di./Mi., Fr.–So 11.00–18.00, Mo. geschl.). Rund um das New Museum hat sich eine neue, junge Galerienszene an der Lower East Side angesiedelt, die eine frische Alternative zu den etablierten Galerien in Chelsea darstellt. Die interessantesten Galerien sind das **11 Rivington**, die **Miguel Abreu Gallery**, **Participant Inc**, der **Salon 94 Freemans** und das **Ludlow 38**, der Kunstraum des Goethe-Instituts in New York. Einen Überblick über die Galerien der Lower East Side verschafft man sich online unter www.lesgalleriesnyc.com. Einen frischen Art-Kick hat der Umzug des ❹ **Whitney Museum of American Art** in die Museumswelt von Manhattan gebracht. Direkt unter dem südlichen Aufgang zur Highline im Meatpacking District hebt sich der gräuliche Kastenbau von Renzo Piano gen Himmel. Von außen mit dem zweifelhaften Charme eines Frachtdampfers gesegnet, wird ein Gang durch die großzügigen Räume zum herrlich hellen Spaziergang entlang der modernen Kunst Nordamerikas. Werke von Andy Warhol, Edward Hopper, Jackson Pollock und Keith Haring werden auf den 6000 m² endlich gebührend in Szene gesetzt, während im über die Hälfte kleineren Ex-Standort an der Upper East Side vieles in den Katakomben gelagert werden musste. Ein Bonus sind die großen Terrassen, die den Blick auf den Hudson und die Stadt freigeben, sowie die von Richard Artschwager designten Aufzüge (99 Gansevoort St., Tel. 212 570-36 00, http://whitney.org, So., Mo., Mi., Do. 10.30–18.00, Fr./Sa. 10.00 bis 22.00 Uhr).

Im ehemaligen Lagerhallen-Viertel ❻ **Chelsea** an der Westseite von Manhattan drängeln sich allein in den Blocks zwischen der 19ten und 29sten Straße sowie zwischen der 10ten und 11ten Avenue mehr als 300 Galerien. Während der Saison (September bis Juni) ist es ein beliebtes New Yorker Ritual, hier Do. abends von Tür zu Tür zu laufen und sich anzuschauen, was in diesem Jahr auf dem Weltkunstmarkt gerade en vogue ist. Die großen Galerien operieren hier beinahe wie kleine Museen. Topgaleristen wie Larry Gagosian stellen aus den Werken der Künstler, die sie vertreten, wohlkuratierte Ausstellungen zusammen, die in der Fachpresse entsprechend besprochen und gewürdigt wer-

Tipp
Ganz umsonst

Die Frühjahrs- und Herbstauktionen der großen Auktionshäuser sind in jedem Jahr die heiß erwarteten Topereignisse der New Yorker Kunstwelt. Bei **Sotheby's**, **Christie's** (Abb. unten) und **Phillips de Pury** kommt das Feinste vom Feinen unter den Hammer, von Klassikern der Moderne bis zu zeitgenössischen Top-Sellern. Auch für weniger solvente Kunstliebhaber haben diese Auktionen einen angenehmen Nebeneffekt. In den Wochen vor der Auktion werden jene Meisterwerke, die nach ihrer Versteigerung oft für Jahrzehnte in Privatsammlungen verschwinden, kostenlos der Öffentlichkeit gezeigt. Gleiches gilt auch für die kleineren Versteigerungen, die das ganze Jahr über stattfinden.

INFORMATION
www.sothebys.com, www.christies.com, www.phillips.com

Tipp
High Line

Im Westen Manhattans befindet sich auf den stillgelegten Schienen einer Hochbahntrasse ein Stadtpark in zehn Metern Höhe, ❺ **The High Line TOP-ZIEL**. Das von dem Architektenpaar Diller and Scoffdio umgestaltete Areal mit schönem Blick auf den Hudson und die Skyline von Midtown bietet fast an jeder Ecke originelle Designideen und Überraschungen – viel Kunst im öffentlichen Raum, bei freiem Eintrittt.

INFORMATION
Gansevoort Street bis West 34th Street, Tel. 212-500-60 35, www.thehighline.org, Dez.–März tgl. 7.00 bis 19.00, übrige Monate bis 22.00 oder (Juni–Sept.) 23.00 Uhr

INFOS & EMPFEHLUNGEN

Das neue Whitney im Meatpacking District, MoMa's PS1 in Queens und Robert Indianas „Love Cube" an der 6th Ave./55th St.

den. So kann man hier ohne einen Cent Eintritt Kunst auf Weltniveau sehen, eine Werkschau von Willem de Kooning etwa oder von Cindy Sherman. Spitzengalerien sind **Gagosian** und **Matthew Marks** an der 24sten, **David Zwirner** an der 19ten und **Jack Shainman** an der 20sten Straße. Einen recht guten Überblick über das aktuelle Programm verschafft man sich am besten online unter http://chelseagallerymap.com. Programme liegen auch in sämtlichen Galerien aus. Wer sich unter die neue Generation New Yorker Künstler mischen will, der besucht die Veranstaltungen des Künstlerkollektivs **The Kitchen** (512 West 19th Street, Tel. 212-255-57 93, www.thekitchen.org).

❼–❽ Midtown, Queens

Im hellen und luftigen Bau des ❼ **Museum of Modern Art** (11 West 53rd Street, Tel. 212-708-94 00; So.–Do. 10.30–17.30, Fr./Sa. bis 20.00 Uhr, www.moma.org, U-Bahn: Rockefeller Center). lockt eine der größten und bedeutendsten Sammlungen moderner Kunst der Welt. Zudem sind die aufwendig kuratierten Sonderausstellungen tonangebend im internationalen Kunstbetrieb. Kern des MoMA ist seine ständige Sammlung moderner Maler und Bildhauer. Die Sammlung verteilt sich über den vierten und fünften Stock, und wer sie mit dem Audioguide besucht, bekommt einen ausgezeichneten Überblick über die wichtigsten Strömungen der modernen Kunst vom Impressionismus bis zur Pop Art. Ergänzt wird diese Sammlung durch die Abteilung für zeitgenössische Kunst, die Fotografie-Abteilung im zweiten Stock sowie die Abteilung für Architektur und Design; hinzu kommen Sonderausstellungen im sechsten Stock. In jedem Fall besuchen sollte man auch den zauberhaften **Skulpturengarten**, der inmitten des Neubaus zu ganz neuer Geltung kommt. Wer den Blick auf den Skulpturengarten bei einem Dreisternedinner genießen möchte, der reserviert unterdessen einen Tisch im (allerdings nicht ganz billigen) Museumsrestaurant € € € **The Modern**, das von dem Star-Restaurateur Danny Meyer betrieben wird (www.themodernnyc.com). Tonangebend ist das MoMA nicht nur in der Kunst des 20. Jahrhunderts, sondern auch in der zeitgenössischen Kunst. Im ❽ **PS1**, einem Ableger des MoMA im Stadtteil Queens, zeigt der deutsche Direktor Klaus Biesenbach, was in der in-

ternationalen Szene wegweisend ist. Neben den neuesten Trends präsentiert das zum Museum umgewandelte Schulhaus auf der anderen Seite des East River auch in Jahresausstellungen die Werke der Stipendiaten, die hier leben und arbeiten (22–25 Jackson Avenue/Ecke 46th Avenue Long Island City, Tel. 718-784-2084, www.momaps1.org, U-BahnLinien 7, E und M Court Square, Do.–Mo. 12.00–18.00 Uhr). In einem legendären Ruf stehen die Sommerpartys des PS1, mit Technomusik im alten Schulhof.

❾–⓯ Uptown mit Harlem

An der Ostseite des Central Park bauten im 19. Jahrhundert die reichen Industriebosse New Yorks ihre Großbürgervillen. Da viele von ihnen auch leidenschaftliche Kunstsammler waren, ist es kein Zufall, dass sich entlang der Upper East Side ein Weltklasse-Museum an das andere reiht. Das ❾ **Metropolitan Museum of Art TOPZIEL** (U-Bahn-Linie 4, 5, 6, bis 86th Street, Tel. 212-535-7710, www.metmuseum.org, So.–Do. 10.00–17.30, Fr./Sa. bis 21.00 Uhr) hat in seiner 140-jährigen Geschichte eine immense Sammlung von Kunstwerken aus allen Epochen der Weltgeschichte zusammengetragen. Auf 130 000 m² birgt der gigantische Museumsstempel am Central Park Kunstschätze von Mesopotamien bis zur amerikanischen Moderne. Schräg gegenüber liegt das ❿ **Guggenheim Museum** (1071 5th Avenue, Tel. 212-423-3500, www.guggenheim.org, tgl. außer Do. 10.00–17.45, Sa. bis 19.45 Uhr), das Stammhaus der mittlerweile globalen Museumskette. Das weltberühmte „Schneckenhaus" von Frank Lloyd Wright lohnt schon für sich einen Besuch. Es beherbergt in der Regel nur eine einzige Sonderausstellung in der spiralförmigen Galerie, die sich vom Erdgeschoss bis hinauf unter das Dach schraubt. Weitere Museen entlang

Tipp

Street-Art

Kunst gibt es in New York nicht nur im Museum – viele Werke liegen hier regelrecht auf der Straße, oder besser gesagt: Sie prangen an Hauswänden, Mauern und Bauplatzabsperrungen. Street Art hatte in New York, dem internationalen Erfolg eines Keith Haring zum Trotz, lange Zeit einen etwas dubiosen Ruf – ein **Rundgang mit Graff-Tours** aber zeigt, dass bunte Spraybilder das Stadtbild durchaus verschönern. Der Walk durch die Lower East Side, den High Line Park oder Williamsburg gibt Einblick in unterschiedliche Arbeitsweisen der beispielsweise mit *stencils* (Schablonen) & Co. arbeitenden Graffitikünstler, die Symbolik der Bilder und die enge Verbindung zur Hip-Hop-Musik. Vor allem aber öffnet er die Augen für sonst weniger beachtete Ecken der Stadt. Beispielsweise wenn die Graffiti-Umsetzung des legendären Schwarz-Weiß-Bildes vom küssenden Matrosen plötzlich meterhoch in Regenbogenfarben von einer Hauswand strahlt oder ein gemalter Junge über die knallblauen Buchstaben des Wortes „Dream" balanciert. An vielen Werken von Künstlern wie ICY and SOT, Kobra, Aiko oder Shepard Fairey würde man in der Alltagshektik einfach vorbeihasten – andere ohne die Hilfe von Tourguide Catherine Murphy erst gar nicht finden. Das Porträt von Steve Jobs am Metallzaun Bond Street, Ecke Lafayette etwa ist nur erkennbar, wenn man an einer bestimmten Stelle von rechts auf die Gitterstäbe schaut: Auf 27 dünnen Plexiglasstreifen wird plötzlich das Konterfei des verstorbenen Apple-Chefs sichtbar.

INFORMATION
Treffpunkt für die rund 90-minütige „Banksy, Shepard Fairey und ROA"-Tour ist vor dem Think Coffee, Ecke Bleecker Street und Bowery (So. 13.00 Uhr, Touren unter der Woche – auch in Brooklyn – auf Anfrage, www.grafftours.com).

der Museumsmeile sind die ⑪ **Frick Collection** (1 East 70th Street, Tel. 212-288-0700, www.frick.org, Di.–Sa. 10.00–18.00, So. 11.00 bis 17.00 Uhr), eine imposante Privatsammlung europäischer Kunst, und das ⑫ **Museum of the City of New York** (1220 5th Avenue/Ecke 103rd Street, Tel. 212-534-1672, www.mcny.org, tgl. 10.00–18.00 Uhr) mit interessanten Ausstellungen zur New Yorker Stadtgeschichte. Die ⑬ **Neue Galerie** (1048 5th Avenue, Tel. 212-628-6200, tgl. außer Di./Mi. 11.00–18.00 Uhr, www.neuegalerie.org), zeigt Kunst des frühen 20. Jahrhunderts aus der Sammlung des Kosmetikmilliardärs Ron Lauder. Im ersten Stock hängt über dem Kaminsims die „Goldene Adele", der Stolz des Hauses, für die Lauder den Rekordpreis von 135 Millionen US-Dollar bezahlt hat und deren Geschichte 2015 in einem Hollywoodstreifen verfilmt wurde. Im Erdgeschoss der Neuen Galerie befindet sich das original Wiener € **Café Sabarsky** (Mo./Mi. 9.00–18.00, Do.–So. 9.00–21.00 Uhr), ein beliebter New Yorker Brunch-Spot, der abends Kabarettveranstaltungen im Stil der 1920er-Jahre anbietet. Auf der gegenüberliegenden Seite des Central Park gehört das im Jahr 1869 gegründete ⑭ **American Museum of Natural History** mit seinen mehr als 35 Millionen Exponaten zu den ältesten und größten naturgeschichtlichen Museen der Welt (Central Park West 79th Street, Tel. 212-769-5100, www.amnh.org, tgl. 10.00–17.45 Uhr). Weiter nördlich die Insel Manhattan hinauf nach ⑮ **Harlem** war das **Studio Museum** (144 West 125th Street, Tel. 212-864-4500, www.studiomuseum.org, Mi. 17.00–19.00, Do./Fr. 12.00–21.00, Sa. 10.00–18.00, So 12.00–18.00 Uhr) 1968 das erste, das sich um die Bewahrung und Darstellung afroamerikanischer Kunst kümmerte. In der permanenten Sammlung befinden sich fast 2000 Stücke, besonders innovativ sind die ständig wechselnden Sonderausstellungen junger Künstler. Nicht weit von hier gedenkt das **National Jazz Museum** der reichen Jazzhistorie Harlems. Hier finden auch regelmäßig Konzerte exzellenter Jazzer statt (58 West 129th Street, www.jazzmuseuminharlem.org, Do.–Mo. 11.00–17.00 Uhr).

⑯ Brooklyn

Auch die Brooklyner Kunstszene entwickelt sich ständig: Das Ehepaar Ching zeigt in der **Klompching Gallery** (89 Water Street, Tel. 212-796-2070, www.klompching.com, Mi.–Sa. 11.00–18.00, jeden 1. Do. im Monat bis 20.30 Uhr) moderne Fotokunst. In der **Living Gallery** (1094 Broadway, Tel. 631-377-1998, www.theliving-gallery.com, wechselnde Öffnungszeiten) ist nicht nur Ausstellungsraum für Nachwuchskünstler. Am Abend finden hier Konzerte, Literaturevents und Varieté-Shows statt. Das in einem schönen Beaux-Arts-Gebäude untergebrachte **Brooklyn Museum** deckt mit seiner riesigen Sammlung nahezu jede Epoche der Kunstgeschichte ab (200 Eastern Parkway/Washington Avenue, Tel. 718-638-5000, www.brooklynmuseum.org, Mi., Fr.–So. 11.00–18.00, Do. 11.00–22.00 Uhr).

MUSEEN UND GALERIEN
84 – 85

Genießen   Erleben   Erfahren

Aufregende Neubauten

DuMont Aktiv

New Yorks Skyline ist weltberühmt. Auf einem Rundgang lässt sich die berühmteste Ansammlung von Wolkenkratzern der Welt erkunden: Manhattan erweist sich dabei als gigantisches Freilichtmuseum urbaner Architektur.

New York und seine Wolkenkratzer – das war von Anfang an eine Liebesgeschichte. Früher und inniger als jede andere Stadt der Welt hat Manhattan die neuen Möglichkeiten des Stahlbetons und des elektrischen Fahrstuhls ausgeschöpft und so eine perfekte Lösung für den begrenzten Raum auf der Insel gefunden. Im Jahr 1910 war der prächtige Art-déco-Turm des Woolworth Building im unteren Manhattan mit seinen 241 Metern Höhe noch eine Weltsensation – und doch nur der Anfang eines Höhenbauwahns, der Manhattans Skyline ihren ikonengleichen Status geben sollte, den sie bis heute hat. In den 1970er-Jahren verebbte der Bauboom ein wenig, doch in den letzten zwei Jahrzehnten fand Manhattan mit aufregenden Neubauten wie dem Hearst Building oder dem neuen Turm der New York Times wieder Anschluss an die internationale Bau-Avantgarde.

Die architektonische Vielfalt der Stadt ist so groß, dass man in einem einzigen Rundgang unmöglich alle Aspekte der New Yorker Baugeschichte erkunden kann. Die Municipal Arts Society bietet deshalb nicht weniger als 20 verschiedene nach Themen und Stadtvierteln gegliederte Touren an. Gruppen können auch individuelle Touren bestellen. Wer sich speziell dafür interessiert, was sich in den letzten rund zehn Jahren getan hat, der kann bei dem Architekturkritiker John Hill einen Rundgang buchen, der auch einen Führer zum Thema herausgegeben hat.

Auf einen Blick

Municipal Arts Society:
www.mas.org/tours

Ted Mineau, Director, Tours Program
tours@mas.org, Tel. 212-935-3960

John Hills „Guide to Contemporary New York City Architecture" ist im New Yorker Verlag W.W. Norton & Company erschienen (www.wwnorton.com) und auch über Amazon.com erhältlich.

Der Kritiker John Hill im Hearst Tower.

UPTOWN MANHATTAN
86 – 87

Take the A-Train

Einst war die 110te Straße die scharfe Trennlinie zwischen der schicken Upper West und East Side sowie dem schwarzen Ghetto Harlem. Doch diese Grenze ist längst aufgeweicht. Die Upper West Side wird durch den Umbau des Lincoln Center immer gediegener, die East Side bewahrt sich ihren musealen Chic, und Harlem wird zunehmend hip. Seine afroamerikanische Identität aber wusste es sich auch in der Nachbarschaft der wachsenden Latinogemeinde von Washington Heights zu bewahren.

Mit der Subway ist man ganz schnell „in einer anderen Welt" – und doch immer noch auf demselben schmalen Eiland Manhattan.

Upper West Side: grün umrankt, blau beschirmt

Das Dach des Lincoln-Restaurants als architektonische Spiel- (und Liege-)Wiese

Heut' geh'n wir ins Ballett. Oder doch in die Oper? Egal, beides findet hier im
Lincoln Center for the Performing Arts statt, und beides auf höchstem Niveau.

An der Upper East Side: Blick die Park Avenue hinab

Nördlich der 59sten Straße teilt der Central Park Manhattan in die Upper East und die Upper West Side. Wer direkt an der Grünanlage wohnt, darf sich glücklich schätzen: Der Blick auf den Park ist fast unbezahlbar. Die Upper West Side – wie ihr östliches Pendant ein vornehmlich von wohlhabenden New Yorkern bevorzugtes Wohnviertel – erstreckt sich zwischen 59ster und 125ster Straße sowie vom Central Park bis zum Hudson River. Auf dem Gelände des größtenteils in den 1960er-Jahren entstandenen Lincoln Center for the Performing Arts erinnert heute nichts mehr daran, dass sich dessen opulente Gebäude inmitten eines ehemaligen, „San Juan Hill" genannten Slums erheben, in dem es häufig zu Auseinandersetzungen zwischen rivalisierenden Jugendbanden gekommen war (weshalb Leonard Bernstein sein berühmtes Musical ursprünglich „East Side Story" nennen wollte).

Harlem Shuffle

Ein Blick zurück, auf den 6. November 2012: „We are Family", dröhnt es aus den Lautsprechern des stylischen Undergroundclubs Ginny's in Harlem. Wer seinem Gegenüber nicht gerade in die Arme fällt, tanzt ausgelassen im Takt der Musik – Minuten zuvor wurde klar, dass Barack Obama nochmals vier Jahre lang als Präsident im Weißen Haus sein wird. Zu den Klängen von Sister Sledge gleicht die Menge aus Schwarzen und Weißen, Latinos und Europäern in ihrer Freude und Erleichterung tatsächlich einer großen, fröhlichen Familie.

Ganz so groß war die Freude dann vier Jahre später, nach dem Einzug Donald Trumps ins Weiße Haus, nicht mehr. Der in Queens gebürtige New Yorker kam in seiner Heimatstadt gerade mal auf 36,5 Prozent, seine Gegenkandidatin, Hillary Clinton, erhielt mit 59 Prozent eine klare Mehrheit. Aber noch immer gilt: Ja, Harlem hat sich verändert. Wo früher ein schwarzes Ghetto war, Kriminalität und Armut herrschten, entwickelte sich ein Multikulti-Lebensraum, in dem sämtliche Künste neu aufblühen.

110ten Straße, wo tagsüber Scharen von Babysitterinnen Kinderwägen in Richtung Spielplatz schieben und abends Damen im Cocktailkleidchen auf Louboutins in Richtung Oper stöckeln. Harlem ist laut und schrill – aber auch sehr authentisch. Es gibt Jazz in intimen kleinen Bars wie dem Paris Blues, legendäre Musiknächte im Apollo Theater, Gospel in den Kirchen und fettiges Soul Food bei Sylvia's. Der Stadtteil im Norden des Parks hält beharrlich an seiner Kultur fest. Die Frage ist nur, wie lange es dauern wird, bis auch hier die Gentrifizierung das Viertel spürbar negativ verändern könnte, bis die Mieten steigen und die Alteingesessenen weiter gen Norden ausweichen müssen.

Etwas rau geht es nördlich des Central Park immer noch zu.

Etwas rau geht es nördlich des Central Park immer noch zu. Aber das gehört zum Charme dieser Gegend. Hier oben ist die Welt noch nicht so glattgebügelt wie an der Upper East Side mit ihren manikürten Straßenzügen, den teuren Luxusapartmenthäusern und monumentalen Museen. Und längst nicht so gesetzt wie im Westen unterhalb der

Noch profitiert Harlem von mutigen Investoren und euphorischen Boutiquebesitzern. Auch das Nachtleben brummt. Vor allem an der Lennox Avenue sprossen in den letzten Jahren Cafés und Gourmet-Adressen wie das Red Rooster von Chefkoch Marcus Samuelsson aus dem Asphalt. Das vielgelobte Restaurant, unter dem sich übrigens auch besagtes Ginny's

Ganz oben: Puerto Rican Day Parade im Juni auf der Fifth Avenue. Oben: An der 125sten Straße erinnert eine Statue an den schwarzen Kongressabgeordneten und engagierten Bürgerrechtler Adam Clayton Powell, Jr. Rechts: „The Winery", 116th Street.

Harlems urbane Lebensader ist die 125ste Straße (auch Martin Luther King, Jr. Boulevard genannt).

Apollo Theater

Tempel des Soul

Special

Das Apollo Theater in Harlem wird oft als Geburtsort der amerikanischen Popmusik bezeichnet. Mit einigem Recht.

Wenn am Mittwochabend im Apollo Theater an der 125sten Straße junge Sänger und Entertainer zur Amateur Night auf die Bühne treten, eint sie der gemeinsame Traum von einer Weltkarriere. Tatsächlich haben in der über 100 Jahre alten Geschichte des Apollo mehr große internationale Karrieren begonnen, als man hier aufzählen könnte. Ella Fitzgerald hatte hier ihren ersten großen Auftritt ebenso wie Billie Holiday. Diana Ross fing im Apollo an, Marvin Gaye, der junge Michael Jackson, Stevie Wonder, James Brown – immer wieder pickten sich Manager die besten Künstler heraus

und promoteten ihre Karriere. Das Modell war ein sicherer Weg zum Erfolg, schon bald pilgerten die besten schwarzen Musiker aus dem ganzen Land nach Harlem, um hier ihr Glück zu finden. Heute hat das Apollo ein wenig Patina angesetzt. Es ist nicht mehr der Trendsetter, der es mal war, aber das inzwischen renovierte alte Theater atmet noch immer die Aura seiner großen Geschichte. Und die Amateur-Nacht, bei der das Publikum seinem Urteil über die Darbietungen lautstark Ausdruck verleiht, bleibt ein Erlebnis. Ein Erlebnis sind auch die Führungen mit dem Apollo-Faktotum Billy Mitchell, der Anekdoten aus einem halben Jahrhundert vor und hinter der Kulisse zu bieten hat (www.apollotheater.org).

befindet, löste einen wahren Ansturm aus. Samuelsson, geboren in Äthiopien, adoptiert und aufgewachsen in Schweden, scheint sich der Bürde bewusst zu sein. „Ich habe sieben Jahre in der Nachbarschaft gewohnt, bis ich tatsächlich etwas auf die Beine stellte", sagt der preisgekrönte Koch. Er wollte sich erst heimisch fühlen und Freundschaften schließen. Nach Harlem komme man nicht wegen des schnellen Erfolges, sondern wegen der Kultur und der Geschichte.

Die hatte bereits viele Höhen und noch mehr Tiefen. Immer wieder wurde eine „Harlem Renaissance" verkündet, doch die Euphorie der 1920er-Jahre kam nicht wieder auf. Damals gab es hier legendäre Kabaretts wie den Cotton Club, Institutionen des Jazz wie das Minton's und Tanzsäle wie den Savoy Ballroom; im Hotel Theresa stiegen Größen wie Louis Armstrong und Sugar Ray Robinson ab. Die Wirtschaftskrise beendete die goldenen Zeiten, der lange Abstieg von Harlem zum Ghetto begann. Arbeitslosigkeit und Armut, Kriminalität und Drogen prägten den urbanen Alltag.

Herrlich verrucht

Heute ist der Wohnungsmarkt zwischen Columbus Circle und 110ter Straße so erschöpft, sind die stattlichen Bauten zwischen dem Park und dem Hudson so teuer geworden, dass sich eine Mittel-

Marjorie Eliot (am Klavier) ist eine Harlemer Berühmtheit: Seit 25 Jahren veranstaltet sie sonntags zwischen 16.00 und 18.00 Uhr …

„Es war Juni, die Luft angenehm mild und nicht zu feucht. Über der breiten Straße … hing der Baldachin eines indigoblauen, mit glitzernden Sternen gesprenkelten Himmels."

Carl Van Vechten

Ebenfalls sonntags stehen schon ab 9.00 Uhr Touristen vor der Abyssinian Church an der 138sten Straße für die 11.00-Uhr-Messe an: Live klingt Gospel halt noch besser als auf CD.

… Jazzkonzerte in ihrem Wohnzimmer (555 Edgecombe Avenue/Ecke 160th Street).

Last Exit Harlem? Sicher nicht: Die im Hintergrund aufragende Riverside Church sorgt für spirituelle Führung, und wer weiß, vielleicht steuert der Cellist ja auch ein paar irdische Wohlklänge bei?

standsfamilie Blick und Lage kaum noch leisten kann. Am Broadway reihen sich auf dieser Höhe Supermärkte, Restaurants, Frühstückscafés und Nagelstudios, entlang der Amsterdam und Columbus Avenue wechseln sich kleine Boutiquen mit Babyläden ab, dazwischen ein Hundefriseur – alles ganz bodenständig. Verglichen mit dieser gepflegten Nachbarschaft und dem Äquivalent auf der anderen Seite des Parks, wo MoMA, Guggenheim und Neue Galerie Kunstfreunde sättigen, die Häuser noch schöner renoviert und mit überdimensionalen Dachterrassen versehen sind, wirkt Harlem noch immer geradezu herrlich verrucht. Aber gefährlich ist es hier schon lange nicht mehr.

Entlang der 125sten Straße, die von West nach Ost immer voller und schriller wird, plärrt Hip-Hop aus den Ghettoblastern, haben afrikanische Händler ihre Klapptische aufgestellt, um Pomade und Räucherstäbchen, Kunstdrucke und überdimensionale Goldohrringe zu verkaufen. Frauen mit weiten, bunt gemusterten Gewändern und aufwendig gebundenen Tuchkonstrukten auf dem Kopf schlendern über die vollen Gehsteige.

Short (End of a Long) Story?

Erst am Abend mischen sich die Kulturen dann wirklich, streifen immer mehr Hipster und Weiße über den Malcom X Boulevard, wird an den Bartheken über Politik, Musik und das neue Harlem philosophiert. Auch über das Ende einer Legende, der Lenox Lounge: Diese bereits im Jahr 1939 eröffnete Jazzinstitution, in der Billie Holiday und Miles Davis spielten und Malcolm X zu Gast war, muss schließen, hieß es im Dezember 2012. Als Grund dafür wurde angegeben, dass die Miete verdoppelt werden sollte: ein erstes Anzeichen für die beginnende Überteuerung des Viertels oder schlicht die Raffgier eines einzelnen Immobilienbesitzers? Später hörte man gerüchteweise, dass der legendäre Club vielleicht an anderer Stelle seine Pforten öffnet. Doch bis Ende 2017 war noch nichts geschehen. Ob und wie es weitergeht? Man wird sehen.

UNSERE FAVORITEN

Die besten kulinarischen Hot-Spots

Lecker speisen – zu adäquaten Preisen

New York ist ein Eldorado der Gourmetköche. An vorzüglichen Vier- oder Fünfsternerestaurants mangelt es nicht. Doch das hohe kulinarische Niveau kommt auch dem Besucher mit schmalerem Geldbeutel zugute: Viele Topköche wie April Bloomfield haben inzwischen günstigere Ableger wie das Breslin eröffnet. Und dank der coolen Foodtrucks kann sogar am Wegesrand geschlemmt werden.

① Der beste Gourmet-Burger

Ein Gourmet-Burger von New Yorks gefeierter Star-Köchin April Bloomfield? Zu einem Preis, der kein Loch ins Budget brennt? Geht nicht? In New York schon. Die gebürtige Britin weiß, wie man die Food-Szene der Stadt aufrüttelt: Ihr Meatpacking-Restaurant The Spotted Pig hat ebenso einen Michelin-Stern wie The Breslin Bar & Dining Room im Ace Hotel. Dort unbedingt den Lamb Burger mit Feta probieren – delikater und aromatisch-intensiver kann ein Hamburger kaum schmecken. Dazu ganz wie die hippe Menge im Breslin einen Black River Swizzle oder ein Bier a la Founders Stout bestellen und der Abend ist perfekt.

The Breslin Bar & Dining Room, 16 West 29th Street, Tel. 212-679-19 39, www.thebreslin.com

② Die aromatischste Ramen-Suppe

Ramen ist der neuste Trend der New Yorker Foodies: Sobald ein kühles Lüftchen weht, steht man vor den japanischen Suppen-Häusern Schlange. Drinnen dampft es aus den offenen Küchen heraus, beim Eintreten wird jeder lauthals von der Küchencrew begrüßt. An der Theke schlürft man genüsslich die deftige Mischung aus Miso-Brühe, Nudeln, Ei, Mais, Kohl und Sprossen. Bei Jin lohnen sich zwar auch die anderen Gerichte auf der Karte wie zum Beispiel Pork Belly Buns oder Dumplings – aber eigentlich kommen doch alle wegen der Suppe hierher.

Jin, 462 Amsterdam Avenue (nahe 82nd Street), Tel. 646-657-07 55, www.jinramen.com

③ Die süßesten Waffeln

Sie wundern sich über die lange Schlange am Straßenrand? Über den Vanille-Duft in der Luft und die glasigen Augen der Wartenden? Dann stehen Sie wohl in der Nähe eines Waffles & Dinges-Truck. Was da aus dem gelben Wagen gereicht wird, ist ein süßes Nachtischwunderland. Wer's am liebsten ganz simpel mag, der sollte die Basis-Waffel bestellen, aber am besten schmeckt die volle Ladung mit Sahne, Schokosoße und Erdbeeren. New York ist anstrengend, die Kalorien läuft man sich ruckzuck wieder von der Hüfte.

Die Location des Trucks am besten über Twitter checken: https://twitter.com/waffletruck

UNSERE FAVORITEN
94 – 95

4 Das jazzigste Prime Rip

Essen und Musik ist immer eine gute Kombination, ganz besonders, wenn es sich um bodenständigen Jazz handelt. Nicht zu laut, perfekt abgestimmt und mit der richtigen Portion Soult, wie sich das für Harlem gehört. Jeden So. abend spielt im gemütlich-lässigen Restaurant The Grange ein Jazz-Trio. Hier trifft sich die Nachbarschaft, und Musikfans kommen aus allen Teilen der Stadt – dafür und für das Prime Rip Roast. Das Special steht nur am Sonntag auf der Karte. Wer es bestellt, weiß warum: im tellergroßen Bio-Fleisch stecken viel Arbeit und jede Menge Genuss.

The Grange, 1635 Amsterdam Avenue, Jazzband So. 19.00–22.00 Uhr, Tel. 212-491-16 35, http://thegrangebarnyc.com

5 Die coolste China-Cuisine

Danny Bowien ist einer der gefeierten New Yorker Nachwuchs-Chefs, gepriesen von René Redzepi (Noma, Kopenhagen) und David Chang (Momofoku, New York). Sein erstes Mission Chinese wurde hoch gelobt, dann geschlossen, nun hat es an einer neuen Location wieder eröffnet. Bowiens Kreationen sind eine einfallsreiche Mischung traditioneller und trendiger Gewürze und Zutaten wie die „Beggar's Duck" mit Klebreis, Ginseng, eingewickelt in Lotusblätter und gebacken im Tontopf. Geschlemmt wird unter einem riesigen roten China-Drachen, der Meister dreht oft seine Runden und plaudert mit den Gästen.

Mission Chinese, 171 East Broadway, www.mcfny.com

6 Der einfallsreichste Mexico-Mix

Ein Top-Desert-Chef, der auf mexikanisch-pikante Tortilla umsattelt? Nicht gerade naheliegend. Doch Alex Stupak war in der New Yorker Chef-Szene schon immer als junger Querdenker bekannt. Und wer seine überaus aromatischen Latino-Gerichte erst einmal auf der Zunge hat, der möchte Stupak am liebsten persönlich zu seiner Entscheidung gratulieren. Die Tacos mit Hühnchen oder Rind schreien „Nachschlag" – aber man sollte unbedingt auch noch die Guacamole bestellen, denn die ist ein Gedicht. Der gemütliche Raum mit gedimmtem Licht und viel Kunst an den Wänden wird abends immer voll, aber nie zu laut.

Empellon Al Pastor, 132 St. Marks Place, Tel. 212-367-09 99 www.empellon.com/al-pastor

7 Die sonnigsten Südstaaten-Happen

Halbhungrig sollte man nicht hierher gehen. Es wäre doch zu schade, wenn man die Südstaaten-Kost nicht bis zum letzten Krümel aufessen könnte. Die Buttermilch-frittierten Hühnchen-Sandwiches kommen mit hausgemachten eingelegten Gurken und den legendären Cheese Grits. Zum Glück ist der Central Park gleich um die Ecke – dort kann man das Angefutterte entweder im strammen Schritt ablaufen oder sich zur Siesta ins Gras legen. Tipp: Der Brunch am Wochenende ist legendär, die hausgemachte Bloody Mary hat die richtige Mischung aus süß und würzig.

Jacob's Pickles, 509 Amsterdam Avenue, Tel. 212 470-55 66, http://jacobspickles.com

8 Die frischesten Sushi-Röllchen

Frisch, frischer, Tomoe. Kein Wunder, dass die leckeren Fisch-Happen im kleinen Sushi-Restaurant so begehrt sind: Sie schmecken teuer, sind es aber nicht. Die Schlange ist meistens lang, die Monster-Rollen belohnen aber jede Wartezeit. Am nettesten sitzt es sich an der kleinen Holztheke: Dort kann man die flinken Hände der Sushi-Meister beim Drapieren von Lachs, Thunfisch und eingelegtem Ingwer bewundern. Oder man bestellt „to go" und setzt sich mit seinem Sushi-Lunch in den Washington Square Park gleich um die Ecke, einem der besten Spots zum People-Watching – hier trifft sich ein bunter Querschnitt der New Yorker Szene.

Tomoe, 172 Thompson Street, Tel. 212-777-93 46, www.tomoesushi.com

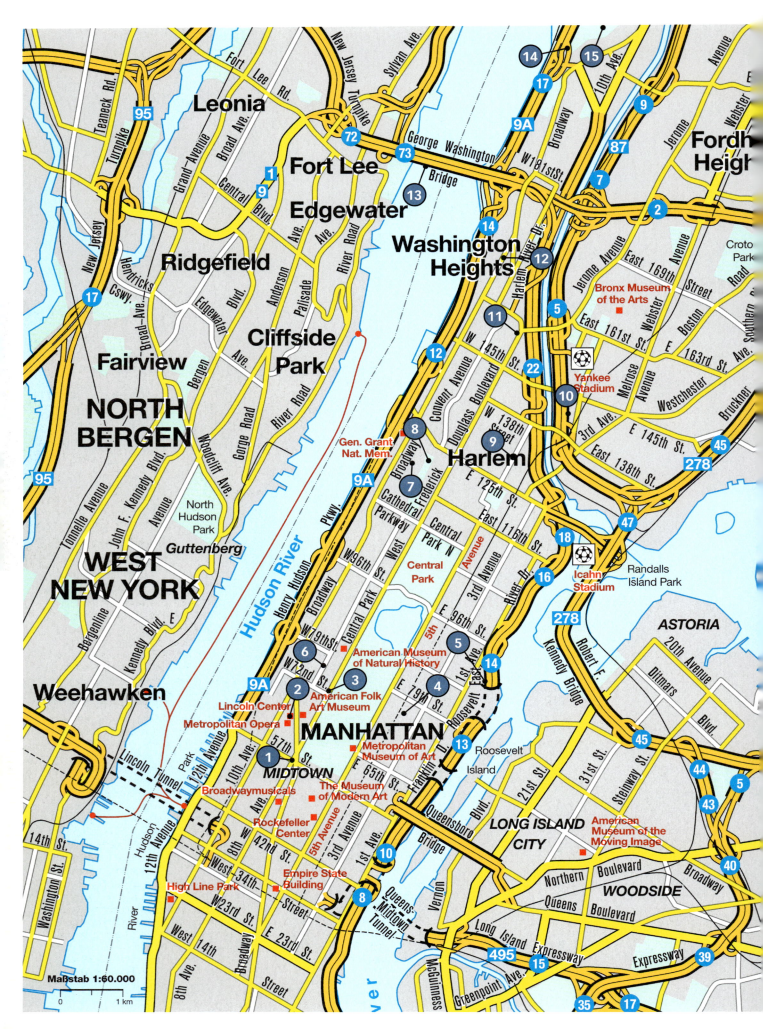

Bunt und vielfältig

„Uptown Manhattan" bezeichnet alles, was oberhalb der 59sten Straße, dem Beginn des Central Park, liegt. Die Viertel rund um den Park haben ihren je eigenen Charakter, im Westen die Upper West Side, im Osten die Upper East Side, im Norden Harlem und Washington Heights.

❶–❻ Upper West und Upper East Side

Der Columbus Circle ist der glänzende Beginn der Upper West Side. Brownstones und prunkvolle Stuckbauten prägen die sündhaft teure Wohngegend. Auf der Upper East Side konzentriert sich eine Vielzahl der New Yorker Museen.

Tipp

Street Ball

Sobald es heiß wird in New York und der Asphalt glüht, verwandeln sich die Spielplätze der Stadt in Turnierfelder. Überall, wo ein Basketball-Korb steht, treffen sich abends wild zusammengewürfelte Teams und bekämpfen sich oft bis in die Nacht. Dabei wird häufig Basketball vom Allerfeinsten geboten. Hoffnungsvolle junge Highschool- und College-Spieler vertreiben sich den Sommer auf der Straße, um in Form zu bleiben, Ex-Profis mischen mit, und wer Glück hat, bekommt sogar einen der aktuellen Basketball-Superstars zu sehen, denen die Rückkehr zu ihren Wurzeln immer wieder ein großes Vergnügen bereitet. Die berühmtesten Sommerturniere finden im **„Cage"** an der U-Bahn-Station West Fourth Street statt sowie auf dem **Rucker Spielplatz** in Harlem an der 155th Street/8th Avenue. Spielzeit ist von Mitte Juni bis Anfang September.

Nach einer Veranstaltung im Lincoln Centre trifft man sich gern auf einen Drink im „Lincoln". Rechts: Time Warner Center (Columbus Circle).

SEHENSWERT

Benannt nach Christoph Kolumbus, ist es kein Wunder, dass ein Marmormonument des Seefahrers den Mittelpunkt des ❶ **Columbus Circle** (59th Street Central Park West) bildet. An der Westseite erheben sich die beiden Türme des Time Warner Center, in dem u.a. das Hauptquartier von CNN untergebracht ist. Eine schier endlose Kulturauswahl erwartet Theater- und Opernfreunde am ❷ **Lincoln Center for the Performing Arts** TOPZIEL (Broadway/62nd Street, www.lincolncenter.org). Das riesige Performance-Mekka beherbergt nicht weniger als zwölf Institutionen, darunter die **Metropolitan Opera**, das **New York City Ballet**, die **Philharmonie** und **Jazz at Lincoln Center**. Vor dem berühmten angestrahlten Brunnen der Metropolitan Opera, dem optischen Mittelpunkt des Komplexes, finden im Sommer kostenlose Konzerte, Tanzabende und Filmvorführungen statt. Im **Beacon Theatre** (2124 Broadway/74th Street, www.beacontheatrenyc.com) rockten schon die Stones; konzipiert wurde das 1929 eröffnete Gebäude im neogriechischen Stil allerdings als Kino. Kaum ein Supermarkt der Stadt taucht so oft in US-Sitcoms oder Filmen auf wie **Zabar's** (2245 Broadway und 80th Street). Der alteingesessene Familienbetrieb ist eng und vollgestopft, aber die Auswahl unschlagbar. In Richtung Central Park ist das ❸ **Dakota Building** (1 W. 72nd Street/Central Park West) eine der teuersten Adressen der Upper West Side. Yoko Ono lebt noch immer in dem imposanten Bau, vor dem ihr Mann John Lennon ermordet wurde. Filmfans erkennen ihn als das gruselige Apartmentgebäude aus Roman Polanskis „Rosemary's Baby". Wer auf der ❹ **Upper East Side** – der teuersten Wohngegend New Yorks, wo der durchschnittliche Immobilienpreis bei sechs Millionen US-Dollar liegt – in das Reich der Schönen und Reichen eintauchen möchte, dem sei ein Spaziergang die Madison Avenue entlang zwischen 59ster und 80ster Straße empfohlen. Hier sitzen überschminkte Ladys bei überteuerten Lunches, bevor sie am Nachmittag in den Antiquitätenläden nach neuen Einrichtungsgegenständen suchen, sich eine Maniküre nebst Nackenmassage verpassen lassen und sich in einer der Edelboutiquen mal wieder ein paar neue Schuhe kaufen. Im **Hotel Carlyle** an der 76sten Straße, wo Staatsgäste und Milliardäre absteigen, kann man sich an der Bemelman's Bar den Duft der großen weiten Welt um die Nase wehen lassen. Hier spielt noch immer an vielen Montagabenden Woody Allen mit seiner Jazzcombo Klarinette – wenn er nicht gerade für Dreharbeiten unterwegs ist (www.rosewoodhotels.com/en/carlyle). Nicht weit von hier ist der Wohnsitz des Bürgermeisters, die ❺ **Gra-**

INFOS & EMPFEHLUNGEN

Tipp

The Pierre

Die zu den Leading Hotels of the World gehörende Nobelherberge € € € € **The Pierre** besticht durch ihre schöne Lage an der Upper East Side – nur ein paar Minuten zu Fuß vom Apple-Würfel an der 59sten Straße entfernt. Hier genießt man nicht nur eine sensationelle Aussicht über den Central Park, sondern wird auf dem Weg in die luftige Höhe auch noch vom gut gelaunten Liftgirl Khady Gurey (Abb. unten) auf das angenehmste unterhalten. Besonders charmant: Manchmal „erinnert" sie das Aussehen ihrer Gäste an das weltberühmter Hollywood-Stars, die sie früher schon mal nach oben gefahren hat. Wer wäre davon nicht geschmeichelt?

THE PIERRE
2nd East 61st Street/5th Avenue, Tel. 212-838-80 00, www.tajhotels.com/pierre

cie Mansion, eine elegante Bürgervilla aus dem 18. Jahrhundert, in der Bill de Blasio mit seiner Familie auch nach dem zweiten Wahlgewinn im Nov. 2017 weiter wohnt (Carl Schurz Park/88th Streeth, Tel. 212-570-47 51).
Die ⑥ **New York Historical Society** (77th Street/Central Park West, Sa., Di.–Do. 10.00 bis 18.00, So. 11.00–17.00, Fr. 10.00–20.00 Uhr, www.nyhistory. org) kümmert sich mit Bildungsprogrammen und einem Museum um den Erhalt der Stadtgeschichte. Mittels Handschriften, Zeitungen, Gemälden und Artefakten über vier Jahrhunderte hinweg wird Amerikas Historie aus der Sicht von New York City erzählt.

RESTAURANTS
Die schönsten Sonnenuntergänge über dem Hudson kann man vom € **Boat Basin** (West 79th Street/Riverside Drive, www.boatbasincafe.com) sehen. Unten am Wasser wackeln Segelboote gemächlich im Wind, auf der Empore des großen Restaurants wird der Feierabend mit Burger, Barbecue und kühlem Bier gefeiert. Brunch in Filmkulisse gibt es im € **Café Lalo** (201 West 83rd Street, Tel. 212-496-60 31, www.cafelalo.com).

⑦ – ⑩ Harlem

Alle paar Jahre wieder wird für **Harlem TOP-ZIEL** eine Renaissance ausgerufen, die dann folgerichtig „Harlem Renaissance" heißt – derzeit scheint sich nördlich der 110ten Straße aber wirklich einiges zu bewegen.

SEHENSWERT
Der Campus der ⑦ **Columbia University** (116th Street/Broadway), eine der ältesten und renommiertesten Universitäten des Landes, zieht sich entlang der 116ten Straße und kann auch von Nicht-Studenten für einen Spaziergang besucht werden. Entlang des Broadway und der Amsterdam Avenue befinden sich die Lehrstätten der einflussreichen Uni; mittlerweile hat sich Columbia auch in Harlem eingekauft und baut Studentenwohnungen. In der ⑧ **Riverside Church** (490 Riverside Drive/120th Street, www.theriversidechurchny.org) hielt Dr. Martin Luther King seine berühmte Anti-Vietnam-Rede, auch Nelson Mandela sprach

> „Jeder, der einmal mit Armut zu kämpfen hatte, weiß, wie außerordentlich teuer es ist, arm zu sein." *James Baldwin (1924–1987)*

hier vor der Gemeinde. Entlang der **125th Street** (ab Amsterdam Avenue in Richtung Osten) erblüht Harlem in seinen buntesten Farben: afrikanische Händler auf der Straße, Jay-Z dröhnt aus den Ghettoblastern – keine Einkaufsmeile New Yorks ist so laut, ethnisch vielfältig und individuell. Dabei schlendert man auch am ⑨ **Apollo Theater** vorbei, einer New Yorker Musik-Institution. Spirituelles Center Harlems und ein wichtiges Zentrum für Gospelmusik mit grandiosem Chor ist die ⑩ **Abyssinian Baptist Church** (132 Odell Clark Place, Tel. 212-862-74 74, www. abyssinian.org). 1808 gegründet in Lower Manhattan, zog die Kirche 1908 zur 138sten Straße um.

RESTAURANTS
Bei Marcus Samuelssons € € € € **Red Rooster** (310 Lenox Avenue, Tel. 212-792-90 01, redroosterharlem.com) gibt es Crab Cakes mit Curry-Aioli, Maccaroni and Cheese oder auch Helga's Meatballs, genüsslich zelebriert auch von vielen hippen Szenegängern. Das € € € **Sylvia's** (328 Lenox Avenue/127th Street, Tel. 212- 996-06 60, www.sylviasrestaurant.com) ist eine Legende – anstehen deshalb obligatorisch. Die Queen of Soulfood, Sylvia Woods, starb 2012, ihr Restaurant mit dem Gospel-Brunch bleibt bestehen. Das kleine € € **A Café** (973 Columbus Avenue/107th Street, Tel. 212-222-20 33, www.acafeny.com) verbindet karibische mit französischer Kost. Gekocht wird in einer Miniküche, auf den Teller kommen nur Bioprodukte.

UNTERKUNFT
Mit dem bunten € € € **Aloft Harlem** (2296 Frederick Douglass Boulevard, Tel. 212-749-40 00, www.aloftharlem.com) hat die aufstrebende Nachbarschaft wieder ein Hotel.

⑪ – ⑮ Washington Heights

General George Washington kämpfte hier im Jahr 1776 gegen die britischen Soldaten um sein Fort, heute ist der höchste Punkt Manhattans (80,8 Meter über dem Meeresspiegel) vor allem für das Mittelaltermuseum **The Cloisters** im schönen Fort Tryon Park bekannt.

SEHENSWERT
Der Gang den Broadway entlang in Richtung Norden führt an den Beaux-Arts-Gebäuden der **Audubon Terrace** vorbei, die zwischen der 155sten und der 156sten Straße einen ganzen Block einnehmen. Hier ist die Sammlung der ⑪ **Hispanic Society of America** (613 West 155th Street, www.hispanic society.org; bis

Tipp

Soul Food

Harlem ist die Hauptstadt des schwarzen Amerika. Groß wurde das Viertel durch die Migrantenströme nach dem Ersten Weltkrieg. Sie brachten ihr Soul Food mit, das man im Norden der USA nirgends so ausgezeichnet zubereitet bekommt wie in Harlem. Ganz authentisch sind die Gerichte bei € € **Miss Mamie's** an der 110ten Straße, wo Norma Jean Darden die Rezepte ihrer Mutter Mamie aus Alabama nachkocht.

MISS MAMIE`S
110te Straße zwischen Columbus und Manhattan Avenue, Tel. 212-865-67 44, www.spoonbreadinc.com/miss_mamies.htm

2019 wg. Renovierung geschl.) untergebracht, zu der die größte Kollektion von Werken El Grecos und Goyas außerhalb des Prado gehört. Im ⑫ **Audubon Ballroom** (3940 Broadway Ecke West 165th Street) wurde am 21. Februar 1965 Malcolm X während einer Rede erschossen. Heute befindet sich in dem Gebäude ein Teil der Columbia University sowie das **Malcolm X & Dr. Betty Shabazz Memorial and Educational Center** (Tel. 212-568-1341, Mo.–Fr. 10.00 bis 17.00 Uhr, www.theshabazzcenter.org). Im Umkreis der 178sten Straße wird der Hudson von der monumentalen ⑬ **George Washington Bridge** bestimmt. Die grüne Promenade erstreckt sich hier oben immer breiter und naturbelassener am Wasser entlang. An den Wochenenden ist sie ein beliebter Treffpunkt für Grillfeste, Geburtstagsfeiern und Volleyballspiele der vielen Latinofamilien Harlems. Direkt unter der wuchtigen grauen Säule der Brücke steht ein kleiner knallroter, 1921 gebauter **Leuchtturm**. Zwanzig Straßen weiter versetzt einen ⑭ **The Cloisters** (99 Margaret Corbin Drive, Tel. 212-923-3700, www.metmuseum.org, tgl. März–Okt. 10.00–17.15, Nov.–Feb 10.00–16.45 Uhr) scheinbar ins Mittelalter zurück. Das auf einer Anhöhe gelegene imposante Bauwerk ist ein beeindruckendes Puzzle aus fünf französischen Klosteranlagen, deren Einzelteile aus Europa eingeschifft und zwischen den Jahren 1934 und 1938 hier am höchsten Punkt der Insel Manhattan zusammengebaut wurden. Das Projekt von John D. Rockefeller, Jr., der seine ganze Mittelaltersammlung hinter den Klostermauern unterbrachte, gehört mittlerweile zum Metropolitan Museum of Art. Besonders schön: der Kräutergarten mit Blick auf den Hudson und die New Jersey Palisades. Im angrenzenden **Fort Tryon Park** wird bei schönem Wetter gepicknickt oder Frisbee gespielt. Das ⑮ **Dyckman Farmhouse** (außerhalb der Karte, 4881 Broadway /204th Street, Tel. 212-304-9422, www.dyckmanfarmhouse.org, Do.–Sa. 11.00–16.00, So. nur bis 15.00 Uhr), das um das Jahr 1784 von dem holländischen Farmer William Dyckman gebaut wurde, zeigt, wie ländlich New York in seinen Anfängen war. In diesem ältesten Farmhaus der Stadt ist heute ein kleines Museum untergebracht.

RESTAURANTS

Im € € **Las Palmas** (3891 Broadway/164th Street, Tel. 917-521-0349, tgl. 8.00–24.00 Uhr) trifft sich die Multikulti-Nachbarschaft von Washington Heights. Das Essen hat – wie die ganze umliegende Gegend hier – einen stark lateinamerikanischen Einschlag mit mexikanischen Fajitas und Tacos.
Romantisch gelegen in Reichweite des Cloisters ist das € € € **New Leaf Restaurant** (One Margaret Corbin Drive, Fort Tryon Park, Tel. 212-568-5323, http://newleafrestaurant.com), ein beliebtes Ziel für die „After-Museum-Crowd" und vor allem für die Brunch-Hungrigen der Gegend. Samstags und an den Sonntagen wird es in dem geräumigen Backsteinbau in der Regel ziemlich voll, im Sommer gibt es begehrte Plätze im Garten.

Genießen   Erleben   Erfahren

I Bike New York

DuMont Aktiv

Das Fahrrad ist das ideale Verkehrsmittel, um New York zu erkunden. Sicherer ist das Fahren in der Stadt auch geworden – in den vergangenen Jahren wurden Hunderte von Kilometern neuer Radwege angelegt.

Vor zehn Jahren wäre es noch verrückt gewesen, zu versuchen, sich mit dem Rad durch den dichten New Yorker Verkehr drängeln zu wollen. Doch die Zeiten haben sich geändert. Der Bürgermeister setzt alles daran, die Stadt für Radfahrer attraktiv zu machen. Überall gibt es neue Radwege und Fahrradständer an der U-Bahn. Seit einigen Jahren kann man zudem auf die blauen Räder des Leih-Netzes City Bike (www.citibikenyc.com) zugreifen.

Heute erkundet man die Stadt am besten mit dem Rad. Dann ist man nicht wie als Fußgänger auf ein Viertel beschränkt und muss nicht in den Untergrund, um in eine andere Gegend zu gelangen. Man erlebt die Übergänge zwischen den Nachbarschaften und taucht ganz in das Straßenleben der Stadt ein. Die Tatsache, dass der Kern von Manhattan gerade einmal zehn Quadratkilometer groß ist und außerdem topfeben, erleichtert die Sache enorm. Mit dem Rad in der Abenddämmerung über die Manhattan Bridge zu fahren, wird garantiert ein Highlight Ihres Aufenthalts.

Weitere Informationen

Die Stadt New York gibt eine sehr detaillierte Fahrradkarte heraus, die Sie in jedem Fahrradgeschäft bekommen oder sich im Internet herunterladen können: www.nyc.gov/html/dot/html/bicyclists/bikemaps.shtml

Fahrräder nebst Helmen mieten Sie am besten bei Bike and Roll, das mehrere Stationen in der ganzen Stadt hat: www.bikeandroll.com
Bike and Roll bietet auch geführte Radtouren durch die Stadt an.

BROOKLYN
100 – 101

Crossing the Bridge

Der kulturelle Schwerpunkt New Yorks verlagert sich zunehmend über den East River hinweg. Manhattan steht für das traditionelle New York, Brooklyn für Trend, Innovation, Aufbruch. Seit die junge Subkultur aus dem überteuerten Manhattan über den East River floh, wird Brooklyn immer wilder, cooler, origineller. Der Kontrast zeigt sich schon auf den Partys: Statt Champagner, Bankiers und Models wie in Manhattan regieren in Brooklyn vor allem Kreativität und Spaß.

Cubana Café in der Smith Street in Brooklyns Neighborhood Cobble Hill. Nur eine kurze U-Bahnfahrt vom quirligen Manhattan entfernt, wirkt die Szenerie hier fast kleinstädtisch.

Im Uhrzeigersinn von ganz oben links: Bar in Cobble Hill, Manhattan Bridge, Henry Street in Brooklyn Heights, Street Art an der Water Street in DUMBO (Down Under the Manhattan Bridge Overpass).

Am East River mit Blick auf die Brooklyn Bridge und die Skyline der Downtown Manhattan: Seit 1883 verbindet diese Brücke Manhattan mit Brooklyn, das damals noch eine eigenständige Stadt war.

Die Bergen Street zwischen Classen und Franklin ist nicht gerade eine Gegend, in die man sich gewöhnlich abends verirren würde. Vor Werkstätten und Garagen sind die Rollgitter heruntergelassen, aus den Rissen im Bordstein wuchert Unkraut. Müll türmt sich an der Straße, die Laternen schummern ein blassgelbes Orange auf die Gasse. Doch wenn man an der Nummer 893 durch ein Wellblechtor in den Hinterhof geht, wandelt sich das Bild abrupt: Ein kerzenbeleuchteter Vorraum dient als Tunnel einer Zeitreise. An einem schweren roten Vorhang vorbei gelangt man in einen Barraum, der noch aus den 1920er-Jahren zu sein scheint. Frauen tanzen in Fransenkleidern und rauchen langstielige Zigaretten. Die Musiker einer Dixiecombo tragen Bowler, Hosenträger und Fliege am Kragen. Eine Chanteuse in Netzstrümpfen haucht ihre Lieder in das Mikrofon, während eine leicht bekleidete Artistin an wallenden Tüchern von der Decke schwebt.

Moment mal. Wo sind wir hier? – Bei einer Party der Shanghai Mermaid, einer Gruppe, die in unregelmäßigen Abständen leer stehende Brooklyner Räume in Partyzonen verwandelt. Diese Partys sind öffentlich, aber in offiziellen Veranstaltungskalendern erfährt man nichts davon. Man muss schon im richtigen E-Mail-Verteiler sein – oder von einem Freund etwas darüber erfahren.

Solche „Do It Yourself Parties" (DIY) sind typisch für das neue Brooklyn, das der Historiker James Sanders, die Entwicklung auf den Exodus der Kreativen Manhattans zurückführend, als neue „Kulturhauptstadt Amerikas" bezeichnet.

Literarisches Brooklyn

Ganz so neu ist die Faszination dieses Stadtteils allerdings nicht: Noch vor den heutigen Garagenpunkern hatten schon die Schriftsteller Brooklyn entdeckt. Walt Whitman widmete dem Viertel einige seiner berühmtesten Gedichte, allen voran „Crossing Brooklyn Ferry" – eine lyrische Feier der Vielvölkergemeinschaft an diesem Ort. Heute kann man das Gedicht als Inschrift an der Fulton Landing in Brooklyn nachlesen, wo noch immer die Fähre aus Manhattan anlegt.

In den 1950er-Jahren suchte dann mit Norman Mailer, Truman Capote und James Agee erneut eine Schriftstellergeneration Zuflucht in den von grünen Laubbäumen gesäumten Wohnstraßen Brooklyns. Seit Mitte der 1990er-Jahre scheint es nun so, als sei die gesamte gegenwärtige literarische Elite der USA nach Brooklyn gezogen. Paul Auster lebt hier mit seiner (ihrerseits als Schriftstellerin erfolgreichen) Frau, Siri Hustvedt, Jonathan Safran Foer, Don DeLillo, Jonathan Franzen, Jonathan Lethem, Martin Amis und die Pulitzer-Preisträgerin Jennifer Egan wohnen im Viertel. Zu den großen Namen kommen in den Brooklyner Neighborhoods Cobble Hill und Park Slope Hundertschaften junger Autoren, die von einem Platz auf den Bestsellerlisten der „New York Times" träumen. Entsprechend aktiv ist das literarische Leben in Brooklyn. Nirgends in

Ist Brooklyn die neue Kulturhauptstadt Amerikas?

den USA gibt es noch so viele kleine unabhängige Buchläden, so viele Abendveranstaltungen und Lesungen.

Fährt man über die Manhattan Bridge gen Brooklyn, trifft man nach wenigen Blocks die Flatbush Avenue hinunter auf die beiden prächtigen Theater der Brooklyn Academy of Music. Diese Akademie, in Brooklyn nur kurz BAM genannt, war Ende der 1980er-Jahre Heimat für das Avantgardetheater von Robert Wilson, die minimalistischen Opern von Phil Glass, die Konzerte von Laurie Anderson und das Tanztheater von Mark Morris.

Am Broadway Triangle in Williamsburg: Hier gibt es heute mehr Musikclubs als Lebensmittelgeschäfte, und jeder zweite der jungen Bewohner spielt in einer Band.

„Ich habe mich mein ganzes Leben lang fremd gefühlt, ganz gleich, wo ich war. Das hat in Brooklyn aufgehört."

Paul Auster

Barclays Center: Kritiker erinnert Frank Gehrys Mehrzweckarena – Heimspielstätte des NBA-Teams Brooklyn Nets – an eine zerlaufende Praline.

Im Uhrzeigersinn von ganz oben links: an der Grand Army Plaza, dem Haupteingang zum – von den Landschaftsarchitekten des Central Park gestalteten – Prospect Park; vor der Brooklyn Academy of Music (BAM); beim Training der Mark Morris Dance Group in Fort Greene.

Hier bekam – und bekommt – man Kunst zu sehen, wie sonst nirgendwo in den Vereinigten Staaten.

„In da hood"

Kurz hinter der BAM, in den vormals vorwiegend schwarzen Neighborhoods Fort Greene und Clinton Hill, hat sich eine multikulturelle Boheme angesiedelt. Die Pioniere von Fort Greene waren in den 1980er-Jahren Jazzmusiker wie Branford Marsalis, Betty Carter und Cecil Taylor. Ins Bewusstsein der breiteren Bevölkerung rückte Fort Greene aber erst durch den Film „She's Gotta Have It" des Kultregisseurs Spike Lee, der seine Produktionsfirma immer noch hier hat.

Wer von der City Hall in Manhattan über die Brooklyn Bridge geht, gelangt auf der anderen Flussseite über eine schmale Treppe linker Hand auf die Washington Street, die Hauptader von DUMBO, dem Akronym für „Down Under the Manhattan Bridge Overpass". Die Namensgebung kommt daher, dass DUMBO lange gar kein Viertel war und ergo auch keinen Namen hatte. Hier gab es nur Lagerhallen und Kontore sowie das berühmte Gleason's Gym – jene Boxhalle, in der einst die Karrieren von Muhammad Ali und Mike Tyson begannen. Das Gleason's gibt es immer noch, rundherum aber hat sich alles verändert. In die einstigen Kontore sind Designer und Architekten eingezogen. In den Ladenfronten auf der Straßenebene reihen sich Cafés an Galerien. In zwei der alten Lagerhallen an den Kopfsteinpflastergassen haben sich zwei der prominentesten Kultureinrichtungen Brooklyns angesiedelt: das Avantgardetheater St. Ann's Warehouse und das Kulturzentrum Galapagos, das erst vor wenigen Jahren von Williamsburg aus hierher übersiedelte.

Doch selbst DUMBO ist mittlerweile erwachsen geworden. Die Blocks zwischen den Brücken, die zum Fluss hin in den prachtvoll angelegten Brooklyn Bridge Park münden, sind durchsaniert und haben eine voll funktionable Infrastruktur. Niemand muss hier mehr weit gehen,

Szenen von Coney Island (oben, ganz oben) und vom Rockaway Beach (rechts). Letzterer inspirierte die Ramones zu einem Song: „Chewing out a rhythm on my bubble gum / The sun is out and I want some. / Its not hard, not far to reach / We can hitch a ride / To rockaway beach."

Imbiss in Coney Island: Über dessen Strandpromenade („Boardwalk") sangen einst die Drifters: „Under the Boardwalk / Down by the sea / On a blanket with my baby / that's where I'll be."

Coney Island

Special

Mit der U-Bahn zum Strand

Ein knappes Dutzend Strände sind von Manhattan aus mit öffentlichen Verkehrsmitteln zu erreichen, doch keiner ist so berühmt wie Coney Island. Jeder verbindet etwas damit: die Hotdogs von Nathan's, die Achterbahn, die Freak-Bar an der Surf Avenue, den Boardwalk …

Wenn es in den Mietskasernen der Stadt in der Sommerhitze zu eng wird, setzte man sich schon vor 100 Jahren gern in die U-Bahn und fuhr zur Halbinsel am äußersten Ende von Brooklyn. Hier warteten eine kühle Meeresbrise und die Wellen, eine Eiscreme oder ein Bier sowie allerlei Vergnügungen. Doch später kam Coney Island auf den Hund. Die Rummelplätze Luna Park und Astro Park waren nur noch ein schäbiger Überrest ihrer glanzvollen Vergangenheit, die direkt hinter dem Strand aus der Ebene wachsenden Plattenbauten schufen eine bedrückende Atmosphäre. Erst seit wenigen Jahren erlebt Coney Island eine Renaissance: Astro Park und Luna Park haben wieder geöffnet, der Boardwalk und die U-Bahn-Station wurden renoviert; an heißen Tagen ist es wieder so voll wie in den besten Zeiten. Ein ganz besonderes Erlebnis ist Ende Mai – am Eröffnungswochenende zum Memorial Day – die berüchtigte Mermaid Parade am Boardwalk mit viel nackter Haut – aber auch viel Fantasie, Spaß und Freude(n).

„Muscle Beach" auf New-Yorkisch …

um einen guten Espresso zu bekommen, innerhalb von drei Straßen findet man Restaurants aller Güteklassen. Und im Erdgeschoss unterhalb von Gleason's gibt es einen Ausstellungsraum für Designermöbel. Kurz – DUMBO könnte heute genauso gut auch in Manhattan sein.

Frühe Stadien der Eroberung

Wer den Brooklyner Pioniergeist spüren will, muss sich von hier aus zu Fuß in Richtung Süden aufmachen, quer durch Brooklyn Heights, die Restaurantzeile der Smith Street hinunter und auf einer Brücke über den Brooklyn Queens Expressway hinweg. Hier unten in Red Hook verströmt das Viertel noch das raue Flair des einstigen Hafenarbeiterkiezes. Die Kneipen zu den alten Docks hin sind äußerlich noch immer so wie damals, als hier noch große Tanker gelichtet wurden, doch im Publikum mischen sich nun bärtige Hipster unter die verbliebenen, oft ebenso bärtigen Arbeiter. Und wer sich darüber wundert, dass bislang noch gar nicht von Williamsburg die Rede war, dem einstigen polnisch-jüdischen, nur eine U-Bahn-Station von der Lower East Side entfernt unterhalb der Williamsburg Bridge gelegenen Arbeiterviertel, dem sei gesagt: Klar ist Williamsburg das Herz des coolen jungen Brooklyn. Also auch: ein Thema für sich …

DUMONT THEMA

INDIE-SZENE WILLIAMSBURG

Im Hipster-Mekka

Traditionell geprägt von einer großen polnisch-jüdischen Gemeinde, ist Williamsburg heute auch das Viertel der „Hipster": einer jungen Stil-Avantgarde, die um die Wende zum 21. Jahrhundert aufkam. Damals begannen sich die jungen Brooklyner zu kleiden wie Lastwagenfahrer aus dem Süden. Karierte Baumwollhemden und Bärte wurden chic – Anti-Mode als Parodie der Mode an sich. Der Soundtrack dazu: minimalistischer Garagenrock sowie eine neu erblühende Singer-Songwriter-Szene. Heute gibt es Hipster-Szenen von Berlin bis Moskau, und Williamsburger Bands wie LCD Soundsystem oder MGMT sind Weltstars.

Das Epizentrum der Hipster-Kultur ist nur eine U-Bahn-Station von Manhattan entfernt. Der L-Train rattert durch den Tunnel und spuckt an der Bedford Avenue lässige Lebenskünstler aus. Die Bart- und Holzfällerhemdendichte ist hier besonders hoch – der inoffizielle Dresscode Brooklyns, zu dem auch tief sitzende Wollmützen gehören.

Die Anfänge der Gegend waren bescheiden: 1661 wurde die niederländische Siedlung Boswijck gegründet. Zu Ehren des Offiziers und Ingenieurs Jonathan Williams benannte man sie 1792 in Williamsburgh um – das h im Namen ging mit der Zeit verloren. Wie so oft in New York begann die Aufwertung des Viertels mit einem Tief. Maler und Schriftsteller, Musiker und Modemacher konnten in den frühen 1980er-Jahren nur deshalb im damals gefährlichen Brooklyn günstig wohnen, weil außer ihnen kaum jemand in die abgewrackten Fabrikgebäude ziehen wollte. Vor allem die Musikszene profitierte von den vielen ambitionierten Künstlern und den leer stehenden Lagerhallen, die in Performance-Spaces umgewandelt wurden. Viele agierten ohne Genehmigung, Undergroundevents boomten. Man tanzte, sang und rezitierte Poesie – oftmals so lange, bis die Performances von Räumungsaktionen des Fire Department unterbrochen wurden.

Danach war das Hipstertum ein paar Jahre lang so cool, dass es, wie bei jeder ordentlichen Bewegung, schon längst wieder eine Gegenbewegung gibt von Leuten, die Hipster uncool finden. Doch bis heute ist Williamsburg das Indie-Zentrum New Yorks und die hiesige Music Hall eine der bekanntesten Locations für gute Bands. Legendäre Musiknächte verbrachten die Partypeople in einem stillgelegten Open-Air-Schwimmbad, dem McCarren Pool. Da dieser seit einigen Jahren wieder zum Schwimmen genutzt wird, finden die Konzertserien nun im East River State Park statt.

Heute besticht Williamsburg durch die Vermischung des ursprünglichen, rauen Künstlercharakters mit dem neuen, schicken Lifestyle. Die Industriegebäude sind immer noch meterhoch mit Graffiti besprüht, an vielen Ecken stapelt sich der Müll. Zwischen leer stehenden Bauanlagen und halb fertigen Gebäudestrukturen entstehen teure Miet- und Eigentumswohnungen mit viel Glas, dem Loftcharakter ihrer Vorgänger und einem berauschenden Blick auf die Skyline. Noch wurden die Hipster nicht von den steigenden Mieten vertrieben. Am Abend erklingt aus jedem zweiten Bareingang Livemusik, so manch einer packt seine Gitarre mitten auf der Straße aus, um den Freunden ein neues Lied vorzuspielen. Nicht nur entlang der Bedford Avenue sprießen seit Jahren exzellente und – verglichen mit Manhattan – erschwingliche Restaurants, Bowling-Clubs, kleine Buchhandlungen und unfassbar gut sortierte Plattenläden aus dem Boden. Alles alternativer, persönlicher und kenntnisreicher als auf der Westseite des East River.

Williamsburg ist heute *das* Indie-Zentrum New Yorks. Die Bands scheinen aus dem Boden zu sprießen, gespielt wird immer und überall. Eine junge, lebendige Szene im Herzen vor Brooklyn.

Buch & Internet

Marc Greif, „Hipster. Eine transatlantische Diskussion", Suhrkamp Verlag, Berlin

www.freewilliamsburg.com

INFOS & EMPFEHLUNGEN

BROOKLYN
110 – 111

Der hippe Nachbar

Bis zum Zusammenschluss der fünf Boroughs im Jahr 1898 war der nach der holländischen Gemeinde Breuckelen benannte Ort eine eigenständige Stadt – die viertgrößte in den USA. Das heutige Brooklyn hat sich seinen ganz individuellen Charme bewahrt, ist aber zugleich eine richtige „Weltstadt" mit rund 2,5 Millionen Einwohnern, die sich in 93 verschiedene Ethnien aus 150 Ländern teilen.

Rundgang

Knapp 45 Minuten braucht man zu Fuß, um auf der monumentalen Brooklyn Bridge den East River zu überqueren. Der Weg verläuft eine Etage über der stark befahrenen Autostraße. Auf der Brooklyner Seite fällt auf der Rampe zur Brücke der Blick auf das Hauptquartier der 1872 gegründeten Zeugen Jehovas, auf der Fassade prangt in riesigen Lettern „The Watchtower" („Der Wachtturm"), der Name ihrer Zeitschrift. In den Parks direkt am Ufer hat man den besten Blick auf die Skyline von Downtown Man-

Tipp
Music in Motion

Die Konzertviolinistin Olga Bloom verwirklichte sich einen Traum, als sie sich 1976 einen alten Kutter auf dem East River kaufte und ihn in einen schwimmenden Konzertsalon verwandelte. Seither kann man auf Olgas Kahn an drei Abenden der Woche (Fr.–So.) Kammermusik vom Feinsten hören. Das Beste daran ist vielleicht der Blick über den Fluss auf die Skyline von Downtown Manhattan, deren Lichter hinter den Musikern sanft hin und her schaukeln. Ein einmaliges Erlebnis.

INFORMATION
www.bargemusic.org

Oben: Blick aus dem Clock-Tower-Building in DUMBO auf die Brooklyn Bridge, den East River und die Skyline Manhattans. Rechts oben: Individueller Chic in Cobble Hill. Darunter: Sonne tanken an der Uferpromenade am East River.

hattan, trotzdem sollte man nach einer Weile der Nachbarinsel den Rücken kehren, um sich auf den Weg zu machen, Brooklyns vielfältige Neighborhoods zu erkunden.

BROOKLYN HEIGHTS UND DUMBO

Dreizehn Jahre lang dauerte der Bau der ersten festen Verbindung von Manhattan nach Brooklyn: Die ❶ **Brooklyn Bridge TOPZIEL** (Tillary Street/Adams Street) wurde 1883 eröffnet; erst 22 Jahre später, 1905, schloss man Brooklyn dann auch an das U-Bahn-Netz an. Beim Bau der Brücke – eine Konstruktion aus Stahl, Granit und Holz – kamen mehr als 20 Menschen ums Leben; darunter auch der deutschstämmige leitende Ingenieur John Augustus Roebling. Auf der Ostseite des East River erstreckt sich das neue Projekt **Brooklyn Bridge Park** am Fuß des Wahrzeichens entlang. Über die Hälfte des Parks ist bereits fertiggestellt, mit der Vollendung soll die Promenade unter der Manhattan und der Brooklyn Bridge hindurchgehen sowie neben DUMBO auch an Fulton Ferry und **Brooklyn Heights** angrenzen. Bereits jetzt eine Attraktion ist das von Jean Nouvel mit Liebe renovierte **Jane's Carousel** (Brooklyn Bridge Park/Dock Street, Tel. 718-222-25 02, www.janescarousel.com).

Das Akronym **DUMBO** steht für Down Under the Manhattan Bridge Overpass, die Brücke ist hier omnipräsent. Ende des 19. Jahrhunderts ein Warenhaus- und Fabrikgelände, zog es zum Abschluss des 20. Jahrhunderts immer mehr Künstler und Schriftsteller in die damals als rau geltende Gegend am East River. Heute ist DUMBO ein lässiges Kunstzentrum mit Non-Profit-Galerien und Kulturinstitutionen wie dem **St. Ann's Warehouse** (29 Jay Street, Tel. 718- 254-87 79, www.stannswarehouse.org).

BOERUM HILL, COBBLE HILL UND CARROLL GARDENS (BOCOCA)

Immer mehr junge Familien ziehen in diese Gegend und verpassen dem ehemals italienischen Viertel mit seinen schönen Brownstones einen schicken Charakter. Die **Smith Street** zieht

INFOS & EMPFEHLUNGEN

Szenegänger **Tipp**

Zu vielfältig ist die Szene in Williamsburg, als dass es nicht immer wieder neue Entdeckungen gäbe. Einen guten Überblick – „best Bars", „best Food" etc. – verschafft man sich idealerweise im Internet unter www.freewilliamsburg.com. Hier ein paar empfehlenswerte Adressen besonders für musikliebhabende Szenegänger:

Music Hall of Williamsburg: 66 N. Sixth Street/Wythe Avenue, Tel. 718-486-54 00, *www.musichallofwilliamsburg.com*
Brooklyn Bowl: 61 Wythe Avenue, Tel. 718-963-33 69, *www.brooklynbowl.com*
The Bell House: 149 7th St, Tel. 718-643-65 10, *www.thebellhouseny.com*
Skinny Dennis: 152 Metropolitan Ave, Tel. 212-555-12 12, *www.skinnydennisbar.com*
Petes Candy Store: 709 Lorimer Street, Tel. 718-302-37 70, *www.petescandystore.com*
Knitting Factory: 361 Metropolitan Avenue, Tel. 347-529-66 96, *www.knittingfactory.com*
Record Grouch: 986 Manhattan Ave, Tel. 718-389-01 22, *http://recordgrouch.blogspot.de*

Oben und rechts oben: an der Bedford Avenue in Williamsburg. Rechts: Fast bike, fast food – vor dem Nathan's in Coney Island.

sich wie ein roter Faden durch alle drei Nachbarschaften. Boutiquen wie das **Free People** (113 Smith Street/Pacific Street, Tel. 718-250-00 50) oder das Restaurant **Zaytoons** (283 Smith Street/Sackett Street, Tel. 718-673-22 39, https://zaytoons.com) mit seinem Mix aus orientalischen und amerikanischen Zutaten strahlen eine herrlich bodenständige und trotzdem edle Atmosphäre aus. Im Beaux-Arts- Gebäude der **Brooklyn Academy of Music** (30 Lafayette Avenue, Tel. 718-636-4100, www.bam.org) haben 2109 Zuschauer Platz – legendäre Künstler wie Enrico Caruso und Isadora Duncan standen hier schon auf der Bühne. In dem weitläufigen Bau befinden sich zudem das BAMCafé, ein Kino mit Art-House-Filmen, und eine Galerie. Größere Ausmaße hat das **Barclays Center** (620 Atlantic Avenue, Tel. 917-618-67 00, www.barclayscenter.com), das im September 2012 eröffnete Zuhause der Brooklyn Nets. Aber nicht nur das Basketballteam darf im rotbraunen Oval spielen, auch für Konzerte werden seine Pforten geöffnet. Das ❷ **Brooklyn Museum** (www.brooklynmuseum.org, siehe das Kapitel „Museen und Galerien") wird besonders für seine ägyptische Abteilung und die Sammlung amerikanischer Kunst bis zur Gegenwart gerühmt. Die grüne Oase von Brooklyn heißt **Prospect Park** (www.prospectpark.org). Eingebettet in die Anlage, durch die sich die Flatbush Avenue zieht, ist der ❸ **Brooklyn Botanic Garden** (1000 Washington Avenue/Montgomery Street, www.bbg.org), im Frühling

ein blühendes Paradies. Auch der 1938 eröffnete **Greenwood Cemetery** (500 25th Street/5th Avenue, www.green-wood.com bietet sich mit seinen sanften Hügeln und Teichen als Ausflugsziel sowie für Kutschfahrten an. Auf dem Friedhof mit dem monumentalen Eingangstor im gotischen Stil sind u.a. Leonard Bernstein, Lola Montez und Jean Michel Basquiat begraben. Ganz im Hier und Jetzt erfahren Kinder im 1899 gegründeten ❹ **Brooklyn Children's Museum** spielerisch die Geheimnisse von Technik, Ethnologie und Naturgeschichte (145 Brooklyn Avenue, Tel. 718-735-44 00, www.brooklynkids.org).

WILLIAMSBURG

Williamsburgs Lebensader ist die **Bedford Avenue**, deren Subway-Stop den besten Anfangspunkt für eine Tour durch die Nachbarschaft mit den niedrigen Häuschen, graffitibesprühten Wänden und vielen kleinen Cafés markiert. Wer wissen will, worüber sich die intellektuelle Elite der Williamsburger Avantgarde unterhält, der wirft einen Blick in den Buchladen **Spoonbill and Sugartown** (218 Bedford Avenue). Jeden Samstag pilgern Scharen Hungriger für feine Snacks an die **Waterfront**. Dort findet wöchentlich der beliebte **Smorgasburg** (27 North 6th Street zwischen Kent Avenue und der Promenade, www.smorgasburg.com) statt: Über 50 Stände mit feinsten handgemachten Köstlichkeiten warten hier, geschlemmt wird mit Blick auf die Skyline.

CONEY ISLAND

Der **Shore Parkway Bikeway**, der älteste offizielle Fahrradweg der USA, schlängelt sich entlang der Jamaica Bay und ist der schönste Weg, um nach ❻ **Coney Island** zu kommen. Von Manhattan aus empfiehlt es sich allerdings, erst mit der U-Bahn bis zur Station Bay Ridge zu fahren, um sich viele Kilometer quer durch Brooklyn zu ersparen. An die einst prächtigen Amüsierparks erinnert der nostalgische **Luna Park** (www.lunaparknyc.com), eine kunterbunte Ansammlung aus Fahrgeräten, dampfenden Hotdogständen und kitschigen Standbemalungen. Eine Fahrt im 1927 eröffneten **Cyclone** dauert nur zwei Minuten, ist aber nichts für schwache Nerven. Etwas gemütlicher dreht das 1920 eröffnete **Wonder Wheel** (www.wonderwheel.com) seine Runden. Je weiter man in Richtung **Brighton Beach** geht, desto mehr wird Russisch gesprochen.

Surfin' New York **Tipp**

Gut eine Stunde dauert die Fahrt mit dem A-Train aus dem Zentrum von Manhattan an den breiten, feinsandigen Surferstrand von ❺ **Rockaway**. 2012 traf Hurricane Sandy diesen besten Surfspot der US-amerikanischen Ostküste besonders hart: Über Nacht entriss der Jahrhundertsturm auf weiten Strecken die Holzlatten der kilometerlangen Strandpromenade. Danach ragten zunächst nur noch die Betonfundamente in den grauen Himmel. Doch schon bald war der Strand wieder zugänglich und aufgeräumt, als wäre der verheerende Hurricane nie hier angestürmt. Auf die Badegäste und Surfer haben nun wieder wie zuvor Rettungsschwimmer ein wachsames Auge.

INFORMATION
www.nycgovparks.org/parks/rockaway-beach-and-boardwalk/

Wegen ihrer großen russischen Immigrantendichte nennt man die Gegend östlich von Coney Island auch „Little Odessa". Abends sind die Sitzplätze mit Blick aufs Meer hart umkämpft, nachts wummert Discomusik aus den Clubs.

Restaurants

Das € € **Superfine** (126 Front Street/Pearl Street, Tel. 718-243-9005, www.superfine.nyc) zieht Hipster und Banker gleichermaßen an. Eine tief liegende Bar, Livebands und Gemälde lokaler Künstler machen das Restaurant mit seinem mediterranen Essen zum Szenetreff. In der € **Jacques Torres Chocolaterie** (66 Water Street, Tel. 718-875-1269, www.mrchocolate.com) gibt es den schokoladigen Nachtisch handgeschöpft oder auch als Praline veredelt. Vor dem weißen Turmgebäude der € **Brooklyn Ice Cream Factory** (1 Water Street, www.brooklynicecreamfactory.com) bilden sich bei gutem Wetter lange Schlangen für das cremige „Old-fashioned"-Eis. Deftige Gerichte bietet das Restaurant € € € **Fat Goose** (125 Wythe Ave, Tel. 718-963-2200, fatgoosewilliamsburg.com). Ähnlich gemütlich sitzt es sich im € € € **Marlow & Sons** (81 Broadway, Tel. 718-384-1441, www.marlowandsons.com), vor dem sich stets eine Schlange bildet: Das Hühnchen vom Holzofen riecht man bis auf die Straße.
Das € **Nathan's** (1310 Surf Avenue, Tel. 718-946-2705, www.nathansfamous.com) ist sicher kein Tipp für Gourmets, aber eine wahre Institution Coney Islands. An dem riesigen Hotdogstand werden seit 1916 täglich Würstchen gebrutzelt und am 4. Juli beim Nathan's Hot Dog Eating Contest auch in Massen verspeist. Wer in zehn Minuten die meisten Wiener samt Brötchen runter bekommt, wird gefeierter Sieger. Rekordhalter ist Joey Chestnut mit 72 Hotdogs. Und zu guter Letzt noch: Willkommen in Russland! Bei € € € **Tatiana** (3152 Brighton 6th Street, Tel. 718-891-5151, www.tatianarestaurant.com) gibt es Borschtsch, würzige Grillplatten und viel Wodka, das alles mit einer ordentlichen Brise Meer.

Unterkunft

Den neuesten Ableger der Hotelkette € € **Indigo** (229 Duffield Street, Tel. 718-254-7800, www.hotelindigo.com) findet man zwischen den bezaubernden Brownstones von Fort Greene und Cobble Hill in Laufnähe zum architektonisch eigenwilligen Barclay Center.
Das € € €/€ € € € **McCarren Hotel & Pool** (160 North 12th Street, Tel. 718-218-7500, www.chelseahotels.com) bietet freien Blick auf die Skyline von Manhattan über den East River hinweg und hat einen riesigen Pool.
Im € € €/€ € € € **Wythe Hotel** (80 Wythe Avenue, Tel. 718-460-8000, www.wythehotel.com), einem roten Backsteinhaus direkt am East River, wurde früher Kupfer bearbeitet; das Holz der einstigen Fußböden steckt nun in den Bettgestellen. Das anliegende Restaurant **Reynards** ist ein Szenetreff der Gegend.

Genießen Erleben Erfahren

Hoch über dem Hudson

DuMont Aktiv

Nur eine Zugstunde von Manhattan entfernt liegen die ❼ Hudson Highlands. Beim Wandern in ihren Hügeln kann man die romantische Flusslandschaft ebenso genießen wie Ausblicke bis nach Manhattan.

Das Tal des Hudson ist die älteste Kulturlandschaft der Vereinigten Staaten. Schon im 17. Jahrhundert siedelten Holländer und Deutsche hier, im 19. Jahrhundert pilgerten Maler in Scharen von New York aus den Fluss hinauf in Richtung Norden. Nicht ohne Grund – die sanften Hügel, durch die der alte Strom fließt, markieren ein wahres Idyll, in die schon immer viele Reiche gern ihre Landsitze verlegten – die Roosevelts etwa, in deren Villa im Jahr 1882 der 32. Präsident der USA geboren wurde.

Auch die heutigen New Yorker lieben „ihren Hudson". Insbesondere im Herbst zwängen sie sich in Scharen in die Züge nach Cold Spring und Beacon, um die Anhöhen zu durchstreifen. Die Mühen werden mit Blicken über den Fluss und bis auf die Skyline von Manhattan belohnt. Einen schönen Tagesabschluss bildet ein Abendessen in einem der hübschen, stimmungsvollen Flussörtchen, ehe es dann wieder zurückgeht in die große Stadt.

Weitere Informationen

Anfahrt: Mit den Zügen der Hudson Linie (www.mta.info/mnr) vom Grand Central Terminal bis Cold Spring. Vom Bahnhof dauert es keine Viertelstunde zu den Wanderpfaden. Karten und Wanderführer gibt es in New Yorker Sportgeschäften wie REI, Ecke La Fayette und Houston Street in SoHo. Beste Zeiten zum Wandern sind das Frühjahr zwischen April und Juni, ehe es heiß wird, und der Herbst zwischen September und Mitte November. Ausrüstung: feste Schuhe, Rucksack für Proviant.

Auch das ist New York (State): Der Hudson auf seinem Weg zum Meer.

UNSERE FAVORITEN

Die coolsten Fitness-Spots

Sportlich wie die New Yorker

New York schläft bekanntlich nie – seine Einwohner sind ständig auf Achse. Das betrifft nicht nur das Nachtleben, auch tagsüber wird keine Gelegenheit zum Aktivsein ausgelassen. Unser Ranking verrät die coolsten Sportmöglichkeiten, die weit über Joggen im Central Park hinausgehen.

1 Kajak fahren

Über den Hudson shippern kann man mit der Fähre oder dem Segelboot – doch noch grandioser ist es, selbst in die Paddel zu greifen und lässig im Kajak an Manhattan vorbei zu gleiten. Vom Wasser aus wirkt die turbulente Metropole mit ihren hupenden Taxis und hetzenden Business-Leuten plötzlich ganz ruhig und zahm. Das Downtown Boathouse verteilt von Mai bis Oktober am Wochenende und an Feiertagen bunte Kajaks. Und das Beste: Workout mit Skyline-Ausblick ist umsonst.

Downtown Boathouse, Pier 26, Mai–Okt. Sa./So. 9.00–17.00, Juli/Aug. zusätzlich 17.00–19.30 Uhr, www.downtownboathouse.org/free-kayaking/

2 Eislaufen

Ein bisschen Kitsch muss sein, vor allem in der New Yorker Winterzeit. Wenn die Stadt ganze Heerscharen an Engeln, Weihnachtsmännern und Wichteln auf die Menschheit loslässt, legt sich ein zusätzlicher Schimmer über die ohnehin schon funkelnde Hochhaus-Szenerie. Darunter auf Schlittschuhen Kreise zu drehen, ist ein leinwandtaugliches Gänsehaut-Erlebnis, das natürlich auch schon in zahlreichen Hollywoodfilmen umgesetzt wurde. Die Bahn im Bryant Park ist am schönsten, die am Rockefeller am ikonischsten und die im Central Park am größten. Wenn möglich unter der Woche die Kufen anschnallen, dann ist es nicht ganz so voll.

Ab Oktober: https://therinkatrockcenter.com
www.wintervillage.org/skate/overview,
www.wollmanskatingrink.com

3 Klettern

Mit ernsten Mienen wird nach oben geschaut, die Hände sind weiß von Kreide, der Kopf geht die klügste Route durch. Was nach Klettern in den Alpen klingt, ist auch im Central Park möglich. Natürlich nicht ganz so hoch, aber trotzdem anspruchsvoll. Ein guter Start für Anfänger ist der Rat Rock (nahe Heckscher Ballfields, Höhe 63ster Straße) – hier sind oft nette Kletter-Experten am Werk, die mit Tipps aushelfen. Worthless Boulder (110th Street) und Cat Rock (nahe Wollman Rink) sind etwas kniffeliger.

www.centralpark.com/guide/sports/bouldering.html,
www.srbnyc.com/

4 Schwimmen

Wenn sich im Sommer eine schwüle Hitze über die Stadt legt, möchte man am liebsten in den Hudson springen. Der Asphalt scheint zu kochen, die U-Bahn gleicht einer Sauna, und in den Hochhausschluchten staut sich die Wärme wie in einem Schwitzkasten. Man möchte hitzefrei haben. New Yorker packen dann ihre Badesachen und kühlen sich in einem der Public Pools ab. Unter anderem gibt es den großen Lasker Pool im Central Park, Frühaufsteher können dort am Morgen Bahnen schwimmen. Wer zu jeder Jahreszeit seine Runden ziehen möchte: State Parks wie Riverbank an der 145sten haben „Olypmic-size"-Becken und günstige Tarife (3 $). Zentral ist auch das Chelsea Piers Sports Center.

www.nycgovparks.org/
parks/central-park/
facilities/outdoor-pools/
lasker-pool,
http://nysparks.com/parks/
attachments/Riverbank
AquaticsComplexSchedule-
62615-9715.pdf,
www.chelseapiers.com/sc/
club/pool.cfm

5 Yoga

Gestartet wird mit einem langen, tiefen Ommmm, dann geht es in den Sonnengruß, und von dort in den nach unten schauenden Hund bis hin zur großen Kobra. Kaum ein Sport wird in New York exzessiver betrieben als Yoga. Mit Matten und Schweißbändern bewaffnet, steuern alle Altersgruppen Bikram-, Hatha- oder Iyenga-Studios an. Und nach einem anstrengenden Sightseeing-Tag bewirkt ausgiebiges Dehnen und Stretchen Wunder. Studios wie Jivamukti und Pure Yoga sind prima für Anfänger und Fortgeschrittene. Im Sommer gibt es kostenlose Open-Air-Sessions im Bryant Park.

http://jivamuktiyoga.com,
http://pureyoga.com,
http://bryantpark.org/
plan-your-visit/yoga.html

6 Trapez

Schon mal davon geträumt durch die New Yorker Lüfte zu fliegen? Im Hintergrund kommen die Wolkenkratzer etwas näher, im Rücken schimmert der Hudson, und wer einen Salto schlägt, erhält Applaus von den Zuschauern am Boden. Zugegeben, die Trapez-Schule ist nichts für Leute mit extremer Höhenangst, aber New Yorker sehen darin ein gutes Workout, das Nerven und Muskeln gleichzeitig stählt.

Trapez School New York,
Pier 40, Höhe Houston
Street, Tel. 212 242-87 69,
http://newyork.trapeze-
school.com

Ankunft in New York City (oben): Schön, schöner – Manhattan. Rechts: Und dann gleich mitten hinein – zum weltberühmten Flatiron Building.

Service

Praktische Informationen für die Reise und einiges Wissenswerte über den Aufenthalt in New York City haben wir hier für Sie zusammengefasst.

An- und Einreise

Mit dem Flugzeug: New Yorks wichtigster Flughafen für internationale Linienflüge ist der John F. Kennedy Airport (JFK). Große Flughäfen in Deutschland, Österreich und der Schweiz bieten zum Teil mehrmals täglich Nonstop-Verbindungen (ca. 8 Stunden) an. Auch Newark in New Jersey wird international angeflogen. La Guardia, im Nordosten gelegen, ist die Basis für Inlandsflüge. Zu den besonders empfehlenswerten Fluggesellschaften zählen neben Singapore Airlines (siehe Tipp) auch Lufthansa (www.lufthansa.com) und Delta Airlines (www.delta.com).

Tipp

Singapore Airlines

Die mehrfach ausgezeichnete Fluggesellschaft fliegt seit über 20 Jahren die Strecke Frankfurt – New York und erlaubt jedem Fluggast die Mitnahme von zwei Gepäckstücken bis zu je 23 kg. Ein Plus sind die frühe Abflugzeit (8.20 Uhr) ab Frankfurt bzw. die späte Rückflugzeit (20.15 Uhr) ab New York – so können Sie An- und Abflugtag in New York optimal nutzen. Erkundigen Sie sich nach Sondertarifen und nach der Singapore-Airlines-Bordkarte, die den Passagieren einige Vergünstigungen vor Ort anbietet.

INFORMATION
www.singaporeair.de

JFK International Airport: Tel. 718-244-44 44, www.panynj.gov/airports/jfk.html
La Guardia Airport: Tel. 718-533-34 00, www.panynj.gov/airports/laguardia.html
Newark International Airport: Tel. 973-961-60 00, www.panynj.gov/airports/newark-liberty.html

Vom Flughafen nach Manhattan: Legale Taxis („Yellow Cabs") stehen vor jedem Terminal, der Beschilderung „Ground Transportation" folgen. Die Fahrt von JFK nach Midtown Manhattan kostet pauschal 52 $ – dazu kommen 4 bis 6 $ Brücken- oder Tunnelzoll und (empfohlene) 10 bis 15 Prozent (7 bis 9 $) Trinkgeld. Die Fahrt von La Guardia kostet je nach Zielort ca. 35 $ plus Brückenmaut und Trinkgeld. Von Newark in New Jersey bekommen Fahrgäste außerhalb der Ankunftshalle ein Taxi und den Festpreis zugeteilt (nach Midtown kann die Summe zwischen 60 bis 85 $ plus 4 bis 6 $ Zoll für die Brücken betragen). Günstiger und vor allem in der Rushhour (morgens 7.00–9.00, abends 17.00 bis 19.00 Uhr) schneller für die Fahrt von und zum Flughafen sind die öffentlichen Verkehrsmittel. Die JFK-Terminals verbindet ein Air Train mit den U-Bahn-Stationen Howard Beach (Subway-Linie A) und Jamaica (E, J, Z). Der Air Train kostet 5 $, die Einzelfahrt mit der U-Bahn 3 $ (ein Kombi-Ticket am Automaten gibt es für 7,50 $). Von Jamaica aus fährt zudem die Long Island Rail Road (LIRR) zur Penn Station (34th Street). Ein Ticket zur Penn Station kostet 13 $, die LIRR kommt auf 15,50 $. Für die Verbindung Manhattan–JFK sollte man gut 1,5 Stunden Zeit einrechnen. In Newark fährt der Airtrain gratis bis zur Zugstation des New Jersey Transit (Tel. 973-275-55 55, www.njtransit.com). Ein Ticket bis zur Penn Station kostet 12,50 $, die Fahrt dauert in der Regel knapp 20 Minuten. Die „New York Airporter"-Busse (Tel. 718-777-51 11, www.nycairporter.com) verbinden JFK/La Guardia und Manhattan (Haltestellen Grand Central Station, Bryant Park und Port Authority Bus Terminal). Sie fahren zwischen 6.00 und 24.00 Uhr etwa alle 20 Minuten. Tickets kosten hin und zurück 34, Einzelfahrt 18 $ (von JFK) und 28 $ (von La Guardia hin und zurück, einzeln 15 $). Nach Newark pendelt der Newark Liberty Airport Express Bus vom Port Authority Bus Terminal, der Grand Central Station und dem Bryant Park in Manhattan (ein Ticket kostet 17 oder hin- und zurück 29 $, www.newarkairportexpress.com). (…). Die Busse des Super Shuttle fahren von allen drei Flughäfen zu Adressen zwischen 33ster und 59ster Straße. Tickets gibt es im Ground Transportation Center in der Ankunftshalle für rund 19 $ (variiert je nach Ankunftsadresse).

Mit Bus und Bahn: New York ist durch Amtrak- und Greyhound-Verbindungen mit zahlreichen Stationen in ganz Amerika und Kanada verbunden. Greyhound-Busse (Tel. 800-231-22 22, www.greyhound.com) kommen im Port Authority Bus Terminal an (8th Avenue/42nd Street). Günstigere Alternativen bietet Megabus (http://us.megabus.com). Die Pennsylvania (Penn) Station (7th Avenue/33rd Street) ist Dreh- und Angelpunkt für Fernzüge und der Long Island Railroad (LIRR, Tel. 718-217-54 77, www.mta.info/lirr) mit Verbindungen in die Hamptons. Vom Grand Central Terminal aus gehen Pendlerzüge in die Region wie das Hudson-Tal. Wer sein Fahrrad zu einem Ausflug mitnehmen möchte, kann im Grand Central Terminal einen Fahrradpass für 5 $ erwerben. Fahrpläne und Tickets: www.mta.info/mnr.

SERVICE
116 – 117

Im Zeichen der Lotosblüte – asiatisches Restaurant in Williamsburg (Brooklyn)

Mit dem Auto: New York ist keine autofreundliche Stadt: Parkplätze sind knapp und überteuert (pro Tag kann ein Stellplatz bis zu 50 $ kosten), Straßen immer überfüllt und zur Rushhour komplett verstopft. Scharf schneidende Taxifahrer und wie aus dem Nichts auftauchende Fahrradkuriere machen Fahrten entlang der Hauptachsen wie dem Broadway oder der Fifth Avenue zum schweißtreibenden Unterfangen. Deshalb den Wagen lieber erst nach dem Aufenthalt in der Metropole mieten.

Mit dem Mietauto: Vorzeitige Buchungen über einen deutschen Anbieter (z.B. über: www.billiger-mietwagen.de) sind wesentlich günstiger, als direkt in New York nach einem Wagen zu schauen. Deutsche Webseiten bieten im Paket in der Regel eine Versicherung mit an, die in den USA zusätzlich vor Ort berechnet wird. Da New York City kontinentweit die teuersten Leihfahrzeugpreise hat, ist es kostenfreundlicher, sich eine Mietstation in New York State auszusuchen (z.B. in New Jersey) und das Fahrzeug mit dem Zug abzuholen.

Einreisebedingungen: Deutsche Staatsangehörige nehmen am Visa-Waiver-Programm (VWP) der USA teil und können als Touristen, Geschäftsreisende oder zum Transit 90 Tage ohne Visum in die USA einreisen. Vor der Einreise müssen sie im Internet (https://esta.cbp.dhs.gov/esta/) eine elektronische Einreiseerlaubnis beim „Electronic System for Travel Authorization" – ESTA einholen. Die einmal erteilte Erlaubnis gilt für beliebig viele Einreisen innerhalb von zwei Jahren. Der Antrag sollte mindestens 72 Stunden vor Reiseantritt gestellt werden. Die ESTA-Beantragung kostet 14 $. Erwachsene wie Kinder benötigen einen eigenen, maschinenlesbaren Reisepass – weder Kinderausweise noch vorübergehende (grüne) Reisepässe werden akzeptiert. Der Reisepass muss noch mindestens sechs Monate gültig sein. Verlangt werden außerdem ein Rückflugticket sowie die Adresse des ersten Hotels der Reise. Wer länger als drei Monate in den USA bleibt, braucht ein Visum – ebenso wie Sprach- und Austauschschüler, Studenten und jeder, der während seines Aufenthaltes in den USA arbeiten möchte. Am Schalter des Immigrationsbeamten werden allen Besuchern elektronische Fingerabdrücke aller Finger abgenommen; außerdem wird ein Porträtfoto geschossen. Fragen zum Grund der Reise, den Aufenthaltsorten und den zur Verfügung stehenden Geldmitteln gehören zum Prozedere.

Auskunft

Im Internet: www.nyc.gov, www.nycgo.com, www.iloveny.com
In Deutschland, Österreich und der Schweiz: Informationen vor der Reise gibt es bei NYC & Company München unter: www.newyork.de.
In New York City: Das NYC Official Visitor Information Center (151 West 34th Street at Macy's Herald Square, Tel. 212-484-12 22, www.nycgo.com, Mo.–Fr. 9.00–19.00, Sa. 10.00–19.00, So. 11.00–19.00 Uhr) rüstet Besucher mit Stadtplänen und Prospekten aus. Durch ein interaktives Infosystem können Aktivitäten individuell zusammengestellt und heruntergeladen werden.

Essen und Trinken

Am Morgen gibt es den schnellen Snack im Corner-Deli und den Coffee to go, beim **Lunch** werden Geschäfte abgeschlossen, die „**Happy Hour**" mit Cocktails läutet den Feierabend ein, bevor man Freunde zum Dinner trifft. Gemütliches Beisammensitzen ist erst beim Drink danach angesagt: Essen und Rechnung kommen zackig, kaum fällt die Gabel, wird bereits der Teller weggezogen. Die Amerikaner mögen das so, langsamer Service gilt als unprofessionell. Lediglich für den späten **Brunch** am Wochenende lässt man sich mehr Zeit. **Alkohol** ist teuer, ein Glas Wein kostet zwischen 6 und 20 $, ein Bier gibt es zur „Happy Hour" schon mal ab 5 $. Kleine Restaurants ohne Alkohollizenz erlauben BYOB – „Bring Your Own Bottle". Auf der Straße Alkohol zu trinken, ist in New York allerdings strengstens untersagt, das gilt selbst für die Raucherzone vor Bars. 10 % Trinkgeld ist das Minimum, die Regel sind 15 bis 20 %. Die Tax auf der Rechnung zu verdoppeln, ist eine einfache Faustregel. Bei Gruppen über sechs Personen wird der Tip oft mit einberechnet. Viele Restaurants akzeptieren keine Reservierungen und lassen eine Gruppe erst an den Tisch, wenn alle da sind.
Eine Auswahl empfohlener Restaurants finden Sie auf den Infoseiten der jeweiligen Kapitel.

Preiskategorien

€€€€	Hauptspeisen	über 50	€
€€€	Hauptspeisen	30–50	€
€€	Hauptspeisen	20–30	€
€	Hauptspeisen	10–20	€

Feiertage

Neujahr (1. Januar), Martin Luther King's Birthday (dritter Montag im Januar), President's Day (dritter Montag im Februar), Memorial Day

Info

Daten & Fakten

Stadtgebiet/Fläche/Einwohner: New York City liegt an der Ostküste der Vereinigten Staaten, rund 600 km südlich der kanadischen Grenze an der Mündung des Hudson River und ist die bevölkerungsreichste Stadt der USA. Im Stadtgebiet leben auf einer Fläche von 790 km² rund 8,5 Millionen Menschen. 45 % der New Yorker sind europäischer Abstammung, 27,5 % lateinamerikanischer, 25 % afro-amerikanischer und 11 % asiatischer Herkunft.
Staat und Verwaltung: New York City ist Teil des Staates New York mit Regierungssitz in Albany. Die Stadt gliedert sich in fünf Teile (Boroughs): Manhattan (ca. 1,6 Mio. Einw.), Brooklyn (ca. 2,5 Mio. Einw.), Staten Island (ca. 491000 Einw.), Queens (ca. 2,3 Mio. Einw.) und die Bronx (ca. 1,4 Mio. Einw.). Nur die Bronx liegt auf dem US-amerikanischen Festland. New York ist Sitz der Vereinten Nationen. Der Bürgermeister (Mayor) von New York City wird alle vier Jahre gewählt und darf maximal drei aufeinanderfolgende Amtszeiten amtieren. Amtssitz des Mayor ist die City Hall. Jeder Stadtteil (Manhattan, Brooklyn, Queens, Staten Island, Bronx) hat einen Borough President, der über einen eigenen Haushalt verfügt. Der City Council ist ein 51-köpfiger Stadtrat, der sich um die Belange der Stadt kümmert.
Wirtschaft: Tourismus, Bankwesen und Medien zählen zu den wichtigsten Branchen der Stadt. Die drei größten US-Börsen (NYSE, NASDAQ und AMEX) haben hier ihren Sitz. Der Tourismus ist mit jährlich rund 50 Millionen Besuchern einer der wichtigsten Wirtschaftszweige.

Oben: eine Meerjungfrau bei der mermaid parade auf Coney Island. Rechts: Auch in Manhattan gut unterwegs ist man mit dem Rad.

(letzter Montag im Mai), Independence Day (4. Juli), Labor Day (erster Montag im September), Veteran's Day (11. November), Thanksgiving Day (vierter Donnerstag im November), Weihnachten (25. Dezember). Fällt ein Feiertag auf einen Sonntag, ist der Montag noch frei. An Feiertagen sind alle Behörden und öffentlichen Gebäude geschlossen.

Feste

Januar: Chinese New Year, Neujahrsfest am ersten Neumondtag nach dem 21. Januar. Feuerwerk und Riesendrachen in der Mott Street.
März: St. Patrick's Day Parade, feuchtfröhliches Fest der Iren, mit Parade am 17. März.
April: Easter Parade auf der Fifth Avenue. Ukrainian Festival in der East Seventh Street mit verschiedenen Musik- und Tanzgruppen und traditionellen Speisen (2. Wochenende nach Ostern). Tribeca Film Festival.

Info

Geschichte

1524: Der italienische Entdecker Giovanni da Verrazano geht bei seiner Suche nach der Nordwestpassage nach Indien als erster Europäer an der vom Stamm der Lenape-Indianer bewohnten Mündung des späteren Hudson vor Anker.
1609: Auf seiner Suche nach der Nordwestpassage fährt der englische Seefahrer Henry Hudson den nach ihm benannten Fluss hinauf und erkennt die günstige Lage für einen Handelsposten.
1624: Erste Familien aus Amsterdam überqueren den Atlantik und siedeln u.a. auf Manhattan.
1626: Peter Minuit kauft den Indianern die Insel Manhattan für 60 Gulden ab und nennt das Dorf „Nieuw Amsterdam".
1664: Die Engländer erobern die Stadt. Gouverneur Peter Stuyvesant, der zuvor mit den Indianern Frieden geschlossen hatte, übergibt die Kolonie kampflos. Aus Nieuw Amsterdam wird New York, benannt nach dem Herzog von York.
1783: General George Washington feiert in der Fraunce's Tavern (Pearl Street) den Sieg im Revolutionskrieg gegen die englische Krone.
1789: New York wird die erste Bundeshauptstadt. Am 30. April ernennt man George Washington an der Wall Street zum ersten US-Präsidenten.
1792: Alexander Hamilton gründet die New Yorker Börse.
1832: Zwischen der Prince Street und der 14ten Straße verkehrt die erste Pferdebahn, zwei Jahre später verkehren erste Dampfzüge über die Avenues 2, 6 und 8.
Um 1850: Große Einwanderungswelle aus Irland und Deutschland. Die Iren fliehen vor der Kartoffelfäule, die Deutschen kommen nach der gescheiterten Revolution 1848.
1863: Während des amerikanischen Bürgerkriegs (1861–1865) kommt es zu blutigen Unruhen.
1880: Das Metropolitan Museum wird eröffnet, die elektrische Straßenbeleuchtung eingeführt.

1883: Die Brooklyn Bridge zwischen Manhattan und Brooklyn wird feierlich eröffnet.
1886: Präsident Stephen Grover Cleveland weiht die Freiheitsstatue ein.
1892: Ellis Island wird zur neuen Aufnahmestelle für Immigranten, nur reiche Einwanderer werden an Bord der Schiffe abgefertigt. Bis 1954 kommen 12 Millionen Menschen durch die Einwanderungsbehörde auf Ellis Island. Die Stadt wächst – vor allem in die Höhe.
1898: Die fünf bis dahin unabhängigen Gemeinden stimmen für einen Zusammenschluss zu Greater New York City. Die Stadt hat nun bereits über 3 Millionen Einwohner.
Ende des 19. Jh.s: Eisenbahnmagnat Cornelius Vanderbilt treibt den Bau von Eisenbahnverbindungen im Land voran. Stahlmagnat Andrew Carnegie ruft die U.S. Steel Corporation ins Leben, John D. Rockefeller siedelt Standard Oil in New York an.
1904: Der erste Abschnitt der U-Bahn führt von der City Hall zur 145th Street.
1929: Schwarzer Freitag an der Börse. Die Wirtschaftskrise stürzt auch viele Einwohner von New York in die Armut.
1931: Das Empire State Building wird eröffnet.
1945: Ein Flugzeug fliegt gegen das Empire State Building und stürzt ab. Vierzehn Tote werden geborgen.
1966: Eröffnung der Metropolitan Opera.
1973: Die Zwillingstürme des World Trade Center werden gebaut. Der Wolkenkratzer ist das höchste Gebäude der Stadt.
Nach 1945: New York City erlebt einen enormen Aufschwung.
1970er-Jahre: Die Stadt ist bankrott. Kriminalität und Gewalt nehmen zu, Musikszene, Kunst- und Nachtleben blühen auf. In Clubs wie dem Studio 54 werden legendäre Partys gefeiert.

1976: Mit einer Segelschiffparade und einem Feuerwerk feiert man 200 Jahre Unabhängigkeit.
1993: Bombenanschlag auf das World Trade Center.
Mitte der 1990er-Jahre: Bürgermeister Rudy Giuliani macht mit rüden Methoden die Stadt sicher. Es beginnt eine neue goldene Ära, von der auch Nachfolger Michael Bloomberg profitiert. An der Börse kommt es zu Höhenflügen.
11. September 2001: Bei den Terroranschlägen auf die Twin Towers des World Trade Centers werden etwa 3000 Menschen ermordet.
2004: Am 4. Juli Grundsteinlegung für den Neubau des World Trade Center.
2006: Im April Baubeginn des damals noch so genannten Freedom Tower, im August beginnen die Arbeiten am World Trade Center Memorial.
2008: Der Börsencrash stürzt New York in eine tiefe Finanzkrise. Die Arbeitslosigkeit steigt.
2009: Fast acht Jahre nach den Terroranschlägen von Nine Eleven dürfen Besucher erstmals wieder den Blick von der Krone der Freiheitsstatue aus genießen. Der Broadway, die Hauptverbindungsstraße durch Manhattan, wird verkehrsberuhigt; am Times Square entstehen Ruhezonen und Radwege.
2012: Hurricane Sandy richtet auf Staten Island und in Brooklyn verheerende Schäden an. Auch die Freiheitsstatue erleidet Schäden.
2013: Eröffnung des One World Trade Center (1 WTC), mit 541,3 Metern das höchste Gebäude der Stadt.
2014: Bill de Blasio von der Demokratischen Partei wird neuer Bürgermeister der Stadt.
2016: Der New Yorker Immobilien-Mogul Donald J. Trump wird zum 45ten Präsidenten der USA gewählt.
2017: Bill de Blasio wird im November ein zweites Mal zum Bürgermeister gewählt.

Mai: Bike NY in allen fünf Stadtteilen. Brooklyn Bridge Day Parade (Mitte des Monats). Ninth Avenue International Food Festival, großer Jahrmarkt zum Sattessen (Mitte des Monats).
Juni: Puerto Rican Day Parade auf der Fifth und Third Avenue (1. Sonntag). Museum Mile Festival, zwischen 18.00 und 21.00 Uhr kann man die zehn großen Museen an der Fifth Avenue kostenlos besuchen. Gay and Lesbian Pride Day (Christopher Street Day, letzter Sonntag). Mermaid Parade auf dem Coney Island Boardwalk (erster Samstag nach dem 21. Juni).
Juli: Independence Day, Feiern und Feuerwerk am Unabhängigkeitstag (4. Juli). Fiestas de Loiza Aldea, Prozession zu Ehren des Apostels Paulus und ausgelassene Puerto-Rico-Fete auf Ward's Island (2. Wochenende). Bastille Day im Village (Sonntag nach dem 14. Juli).
August: Harlem Week Celebration, Straßenfest mit Künstlern.
September: Festival San Gennaro, zehntägiges Straßenfest in der Mulberry Street in Little Italy. Prozession und italienische Folklore (um den 19. September). Steuben Day Parade, deutschamerikanischer Umzug zu Ehren des Generals von Steuben, eines Helden des Unabhängigkeitskriegs (3. Wochenende).
Oktober: Columbus Day Parade (um 12. Okt.). Village Halloween Parade; auf der Sixth Avenue findet die „unheimliche Parade" statt (31. Okt.).
November: Macy's Thanksgiving Parade. New York City Marathon.
Dezember: Miracle on Madison Avenue Children's Festival, die Spielzeugläden haben Hochbetrieb. New Year's Eve auf dem Times Square.

Geld

Die vielen Sale-Plakate in den Schaufenstern verführen zur Schnäppchenjagd. Aber nicht vergessen: Auf alle Preise kommt noch eine „Sales Tax" von derzeit 8,87 % hinzu, und an den heimischen Flughäfen warten die Zollbeamten. Am besten tauscht man das Geld bereits in Europa um – einen Teil möglichst in Reiseschecks, die fast überall als Zahlungsmittel akzeptiert werden. Unbedingt zu empfehlen: bekannte Kreditkarten wie Eurocard oder Visa. American Express ist in den USA nicht so verbreitet. Öffnungszeiten der meisten Banken: Mo.–Sa. 9.00–20.00, So. 10.00–18.00 Uhr. Geldautomaten (ATM), die amerikanische Bankkarten und internationale Kreditkarten akzeptieren, gibt es viele. Für Barabhebungen ist die persönliche Geheimnummer (PIN) erforderlich.

Gesundheit

Da es kein Versicherungsabkommen zwischen Deutschland, Österreich, Schweiz und den USA gibt, empfiehlt sich der Abschluss einer Reisekrankenversicherung. Arzt- und Krankenhausbesuche müssen in den USA sofort bezahlt werden, die Kosten sind extrem hoch. Eine in Deutschland abgeschlossene Reisekrankenversicherung ist empfehlenswert. Da sich Medikamente in Bezeichnung und Zusammensetzung von deutschen Präparaten unterscheiden und in den Apotheken eventuell andere Bestimmungen gelten können, sollten bei regelmäßiger Einnahme ausreichende Vorräte mitgenommen werden. In den Branchenseiten der Telefonbücher sind unter den Rubriken „Clinics" und „Physicians and Surgeons" Adressen von Ärzten und Praxen gelistet.

Hotels/Unterkunft

Übernachtungen in New York sind teuer. Vor allem in angesagten Szenehotels wird kräftig aufgeschlagen – die meisten Zimmer haben selbst dann Schuhkartonmaße. Lange im Voraus zu buchen, kann Kosten sparen, kurzfristige Last-Minute-Deals sind aber auch möglich. Zu den Netto-room-rates kommen 14,75% Steuern plus 3,50 $ pro Übernachtung. Für einen längeren Aufenthalt oder zur Einquartierung der ganzen Familie sind private Zimmer oft die günstigste Option. Auf Webseiten wie www.craigslist.com oder www.airbnb.com vermieten New Yorker ihre Wohnungen.
Eine Auswahl empfohlener Adressen finden Sie auf den Infoseiten der jeweiligen Kapitel.

Preiskategorien

€ € € €	Doppelzimmer	über 300 €
€ € €	Doppelzimmer	150 – 300 €
€ €	Doppelzimmer	100 – 150 €
€	Doppelzimmer	50 – 100 €

Notruf

Bei Unfällen oder in Notsituationen erreicht man über die im ganzen Land einheitliche Notrufnummer 911 Polizei, Feuerwehr oder die lokale Ambulanz.

Öffentliche Verkehrsmittel

Subway und Busse: Am einfachsten und effektivsten bewegt man sich in New York mit der Subway fort (MTA, Metropolitan Transportation Authority, Tel. 718-330-1234, www.mta.info). Das breite Netz ist rund um die Uhr nutzbar. Alle Linien fahren uptown oder downtown. Man unterscheidet Express Trains (gehalten wird nur an einzelnen Stationen) und Local Trains (stoppen überall). Eine Einzelfahrt kostet 3 $, mit einer aufladbaren Metro Card reduziert sich der Tarif auf 2,76 $. Eine Tageskarte gibt es nicht, wer länger als drei Tage in New York ist, sollte sich eine Unlimited Ride Metrocard für eine Woche zulegen (32 $) – die Karten sind auch für Buslinien gültig. Das Bussystem ist sicher, einfach und gut vernetzt, Umsteigen auf der gleichen Route kostenlos.
Taxis: Die Grundgebühr der gelben Medaillon-Flotte liegt bei 2,50 $, etwa alle drei Blocks kommen 50 Cents, am Abend Nachtaufschläge dazu, von 16.00 bis 20.00 Uhr gibt es zudem einen Rushhour-Zuschlag von 1 $. Kreditkarten werden akzeptiert. Am einfachsten winkt man ein Taxi direkt am Straßenrand heran. Wenn das Schild auf dem Dach leuchtet, ist der Wagen frei. Blinkt „Off Duty", hält der Fahrer nicht an. In Teilen von Brooklyn oder Harlem sind „gypsy cabs" zahlreicher als gelbe Taxis. Hier muss man den Preis mit dem Fahrer verhandeln. Die Mindestgebühr liegt bei 7 $.
Fähren: Die kostenfreie Staten Island Ferry verbindet Manhattan mit Staten Island. Brooklyn und New Jersey können auf dem Wasserweg durch New York Water Taxis (www.nywatertaxi.com) erreicht werden.

Als „King of New York" fühlt man sich am Pool der Rooftopbar auf dem Gansevoort Hotel in Manhattan's angesagtem Meatpacking District.

SERVICE

Sightseeing

Die roten Doppeldecker-Busse von Grayline Tours (777 8th Avenue, zwischen 47th und 48th Street, Tel. 800-660-00 51, www.newyorksightseeing.com) sind überall in New York gut erkennbar.
Für 69 $ kann man 48 Stunden lang und mit beliebigen Stopps die Stadt erkunden.
Rundgänge mit Einheimischen bieten die Big Apple Greeter (auf Spendenbasis, Tel. 212-669-81 59, www.bigapplegreeter.org) oder Big Onion Walking Tours (ab 25 $, Tel. 888-606-92 55, www.bigonion.com) an.
Die Schiffe von Circle Line (Pier 83, 42nd Street/Hudson River, Tel. 212-563-32 00, www.circleline42.com) umrunden Manhattan drei Stunden lang (Tickets 42 $).
Abends sorgen dann die After work cruises (Tel. 212-724-39 00, www.afterworkcruises.com) mit Discomusik und Cocktails für eine fröhliche Partystimmung auf dem Hudson.
New York von oben ermöglicht Liberty Helicopters (424 West 33rd Street, Tel. 212-967-20 99, www.libertyhelicopter.com).

Strom

In den USA gibt es Wechselstrom von 110 bis 125 Volt bei 60 Hertz. Rasierapparat, Föhn und Reisebügeleisen zeigen sich, wenn man ihre Spannung umstellen kann, davon unbeeindruckt. Ansonsten ist für den Gebrauch der Steckdose ein Adapter nötig, den man in deutschen Elektrogeschäften sowie in den USA in großen Drugstores und bei Radio Shack erhält.

Telefonieren

Das Handy wird in den USA *mobile* oder *cell phone* genannt. An europäischen Handys funktionieren hierzulande nur (auf drei verschiedenen Frequenzbändern sendende und empfangende) Triband-Geräte. Ratsam ist es, Prepaid-SIM-Karten fürs Handy zu kaufen. Als Alternative empfiehlt sich eine billige Prepaid-Variante, die wie SIM-Karten in den Handy- oder Elektronikgeschäften in Manhattan angeboten werden. In Delis oder am Zeitungsstand gibt es zudem Karten mit Vorwahl-Codes (5, 10, 20 $), durch die man günstiger ins Ausland telefonieren kann.
Vorwahlen: nach Deutschland 01149; nach Österreich 01143; in die Schweiz: 01141, danach die Ortsnetzkennzahl ohne 0 und die Nummer; Vorwahl nach New York: 001.
In New York gehört der „area code" (für Manhattan z. B. 212) zur Telefonnummer, sofern man von außerhalb dieses Bereichs anruft. Innerhalb des jeweiligen Vorwahlbereiches muss der area code nicht mitgewählt werden.

Info

Wetterdaten

	TAGES-TEMP. MAX.	TAGES-TEMP. MIN.	TAGE MIT NIEDERSCHLAG	SONNENSTUNDEN PRO TAG
Januar	3°	–4°	8	5
Februar	5°	–3°	7	6
März	10°	–2°	8	7
April	16°	7°	8	8
Mai	22°	12°	9	8
Juni	27°	17°	9	9
Juli	30°	20°	8	9
August	29°	20°	8	9
September	25°	15°	7	7
Oktober	19°	16°	7	7
November	12°	10°	8	5
Dezember	6°	5°	8	5

Selbstvermarktung (der eigenen Haut): „The Naked Cowboy" am Times Square hat sogar eine eigene Website: www.nakedcowboy.com

Register

Fette Ziffern verweisen auf Abbildungen

9/11-Memorial **38**, **39**, 41

A
Abyssinian Baptist Church **92**, 98
American Museum of Natural History 75, 85
Apollo Theater **91**, 98
Audubon Terrace 98

B
Barclays Center **104**, 112
Battery Park **27**, **41**
Bedford Avenue **112**
Bedford Street 27, 44, 45
Beekman Tower **37**
Bergdorf Goodman 62, 67
Bowling Green **29**
Broadway 65
Brooklyn 81, 85, **100–105**
Brooklyn Bridge **24/25**, **103**, 111
Brooklyn Museum **74**, 85, 112

C
Canal Street 29, **30**, 31
Carnegie Hall 66
Central Park 53, 55, **58**, **59**, **67**, 114, 115
Chelsea **76**, **77**, 83
Chinatown **30**, **31**, **42**, 83
Christopher Street 27, 44
Chrysler Building **48**, 65
Cobble Hill **100/101**, 102, 103, **111**
Columbia University 98
Columbus Circle **73**, **97**
Coney Island **106**, **107**, **112**, 118

D/E
Dakota Building 97
DUMBO **102**, 105, 107, 111
East River 36, **111**
East Village 43, 45
Ellis Island 41
Empire State Building **22**, **48/49**, **55**, 59, 65

F
Fifth Avenue 22, **52**, 56, **62**, **63**, 66, **89**
Financial District **26**, 41, **42**
Flatiron Building **34**, **116**
Fort Greene **105**
Fort Tryon Park 98, 99
Freiheitsstatue **27**, **41**

G
George Washington Bridge 99
Grand Army Plaza **52**, **105**
Grand Central Terminal **53**, 56
Grand Street 31, 43
Greenwich Village **18/19**, 44
Ground Zero **36–39**, 41, 42
Guggenheim-Museum **70**, **71**, 84

H
Harlem **20/21**, **80**, **81**, 85, **86/87**, 89, **91**, **92**, **93**, 98
Hearst Tower 66, **85**
Hell's Kitchen 66
High Line Park **12/13**, **78**, **79**, 83
Hudson **113**, 114

L
Liberty Island **27**, **41**
Lincoln Center for the Performing Arts **88**, 89, **97**
Little Italy 43
Lower East Side 31, **43**, 79, 83

M
Macy's **65**, 65
Madison Square Garden 65
Madison Square Park **34**
Meatpacking District **62**, 79, **119**
Metropolitan Museum of Art **16/17**, **68/69**, **70**, 75, 84
Metropolitan Opera 97
Museum of Chinese in America 83
Museum of Jewish Heritage 75, 83
Museum of Modern Art (MoMA) **72**, **73**, 77, 84

N-P
Neue Galerie 85
New Museum of Contemporary Art 43, **72**, 83
Nolita 43, 45
One World Observatory **10/11**, 38, 41
One World Trade Center **8/9**, **10/11**, **36–39**, 41
Prospect Park **105**, 112
PS1 **84**
Public Art **73**, 84
Public Library **56/57**, 65

R
Radio City Music Hall 51, **66**
Riverside Church **93**, 98
Rockaway Beach **106**, 112
Rockefeller Center 23, 51, **54**, **61**, 66
Rockefeller Plaza 53, **54**, 55

S
Saks Fifth Avenue 62, 66
SoHo **32**, **44**, 45
Speakeasys **42**, 42
St. Ann's Warehouse 105, 111
Staten Island 41, 59
Staten Island Ferry **26**, **41**, 41
Stonewall Inn 44
St. Patrick's Cathedral **53**, 66

T
Theater District 65, 66
Time Warner Center 97, **97**
Times Square **14/15**, 50, 65, 71, **120**
Top of the Rock 51, **58**, 66
Trinity Church **42**, 42

U
Union Square **34**, **81**
UNO 65
Upper East Side **89**, 97
Upper West Side **88**, 97

W
Wall Street **28**, 42
Washington Square Park **32**, **44**, 44
Whitney Museum of American Art 77, 79, 83, **84**
Williamsburg **104**, **108**, **109**, **112**, 117

Impressum

4. Auflage 2018
© DuMont Reiseverlag, Ostfildern

Verlag: DuMont Reiseverlag, Postfach 3151, 73751 Ostfildern, Tel. 0711/4502-0, Fax 0711/4502-135, www.dumontreise.de
Geschäftsführer: Dr. Thomas Brinkmann, Dr. Stephanie Mair-Huydts
Programmleitung: Birgit Borowski
Redaktion: Robert Fischer (www.vrb-muenchen.de)
Text: Sebastian Moll und Manuela Imre (auch: Aktualisierung 2018)
Exklusiv-Fotografie: Frank Heuer
Titelbild: Taxis auf der 7th Avenue in Manhattan (laif/Hemis.fr/Patrice Hauser)
Zusätzliches Bildmaterial: S. 4 u.r. und 71 Guggenheim Museum, Innenaufnahme © VG Bild-Kunst, Bonn 2018; 8/9 huber-images.de/Kremer Susanne; 10/11 huber-images.de/Kremer Susanne; 16/17 Joel Shapiro, Skulptur im Metropolitan Museum © VG Bild-Kunst, Bonn 2018; 23 o.l. Christian Heeb/laif; 23 o.r. © The New York Times/Redux/laif; 23 u.l. © The New York Times/Redux/laif; 23 u.r. Press Lounge; 39 o. Getty Images; 39 u. Getty Images; 42 r.u. DuMont-Bildarchiv/Martin Sasse; 46/47 Getty Images/Zsolt Hlinka; 70 r.o. DuMont-Bildarchiv/Martin Sasse/Frank Lloyd Wright Guggenheim Museum Innenaufnahmen © VG Bild-Kunst, Bonn 2018 ; 70 r.u. George Segal, Skulptur © The George and Helen Segal Foundation/VG Bild-Kunst, Bonn 2018; 70 o.r. Frank Lloyd Wright Guggenheim Museum, Innenaufnahmen © VG Bild-Kunst, Bonn 2018; 71 Picasso Werk © Succession Picasso, VG Bild-Kunst, Bonn 2018; 72 u. Valentine De Wain, Triple Disk Red Metal Flake © VG Bild-Kunst, Bonn 2018; 73 u. Sol LeWitt, Whirls and Twirls (MTA) © VG Bild-Kunst, Bonn 2018; 75 u. DuMont Bildarchiv/Martin Sasse; 76 o.r. Thomas Demand Werke © VG Bild-Kunst, Bonn 2018; 81 l.u. DuMont-Bildarchiv/Martin Sasse; 84 l.o. Robert Altman/Polaris/laif; 94 l. Per-Andre Hoffmann/LOOK-foto; 95 l.o. © The New York Times/Redux/laif; 95 r.o. © The New York Times/Redux/laif; 95 l.u. BRENT HERRIG/NYT/Redux/laif; 95 r. u. mauritius images/Alamy; 97 r.o. age fotostock/LOOK-foto; 111 l.o. DuMont-Bildarchiv/Martin Sasse; 111 r.u. DuMont-Bildarchiv/Martin Sasse ; 113 o. Getty Images/Photolibrary/Barry Winiker; 113 u. Getty Images/Stone/Jake Rajs; 114 mauritius images / Fancy; 115 l.o. Getty Images; 115 r.o. Martin/Le Figaro Magazine/laif; 115 l.u. Sauers/Vault Archives/laif; 115 r.u. © The New York Times/Redux/laif; 116 l.o. Getty Images/ferrantraite; 118 l. huber-images.de/Taylor Richard; 119 © Mark Peterson 2008/Redux/laif
Grafische Konzeption, Art Direktion und Layout: fpm factor product münchen
Cover Gestaltung: Neue Gestaltung, Berlin
Kartografie: © MAIRDUMONT GmbH & Cc. KG, Ostfildern
Kartografie Lawall (Karten für „Unsere Favoriten")
DuMont Bildarchiv: Marco-Polo-Straße 1, 73760 Ostfildern, Tel. 0711/4502-266, Fax 0711/4502-1006, bildarchiv@mairdumont.com

Für die Richtigkeit der in diesem DuMont Bildatlas angegebenen Daten – Adressen, Öffnungszeiten, Telefonnummern usw. – kann der Verlag keine Garantie übernehmen. Nachdruck, auch auszugsweise, nur mit vorheriger Genehmigung des Verlages. Erscheinungsweise: monatlich.

Anzeigenvermarktung: MAIRDUMONT MEDIA, Tel. 0711 450 20, Fax 0711 45 02 10 12, mecia@mairdumont.com, http://media.mairdumont.com
Vertrieb Zeitschriftenhandel: PARTNER Medienservices GmbH, Postfach 810420, 70521 Stuttgart, Tel. 0711 72 52-212, Fax 0711 72 52-320
Vertrieb Abonnement: Leserservice DuMont Bildatlas, Zenit Pressevertrieb GmbH, Postfach 810640, 70523 Stuttgart, Tel. 0711/7252-265, Fax 0711/7252-333, dumontreise@zenit-presse.de
Vertrieb Buchhandel und Einzelhefte: MAIRDUMONT GmbH & Co. KG, Marco-Polo-Straße 1, 73760 Ostfildern, Tel. 0711 45 02 0, Fax 0711 45 02 340
Reproduktionen: PPP Pre Print Partner GmbH & Co. KG, Köln
Druck und buchbinderische Verarbeitung: NEEF + STUMME premium printing GmbH & Co. KG, Wittingen, Printed in Germany

Lieferbare Ausgaben

Hamburgs Herz pocht an Elbe und Alster.

Die Kanaren sind vom Klima begünstigt – beste Voraussetzung für herrliche Strandtage.

Hamburg

Deutschlands Tor zur Welt
Der Hafen ist das Aushängeschild der Hansestadt, aber Hamburg hat natürlich noch weit mehr zu bieten, wir präsentieren alle Highlights.

Urbane Visionen
Aus alten Hafenvierteln werden trendige Stadtteile. Erleben Sie das „neue" Hamburg.

Shopping hanseatisch
Hamburger Trend-Labels und Traditionshäuser, hier kaufen Sie zwar nicht günstig, aber gut!

Teneriffa
La Palma · La Gomera · El Hierro

Paradiesische Inseln
Sie wissen noch nicht wohin? Wir stellen Ihnen die Westkanaren ausführlich in Bild und Wort vor.

Exklusiv wohnen
Warum sich nicht mal etwas Besonderes gönnen, die besten Adressen auf Teneriffa und den kleinen Kanareninseln.

Wandern mit Aussicht
Unsere Favoriten – die neun erlebnisreichsten Wanderungen auf den westlichen Kanaren.

www.dumontreise.de

DEUTSCHLAND
119 Allgäu
092 Altmühltal
105 Bayerischer Wald
180 Berlin
162 Bodensee
175 Chiemgau, Berchtesgadener Land
013 Dresden, Sächsische Schweiz
152 Eifel, Aachen
157 Elbe und Weser, Bremen
168 Franken
020 Frankfurt, Rhein-Main
112 Freiburg, Basel, Colmar
028 Hamburg
026 Hannover zwischen Harz und Heide
042 Harz
023 Leipzig, Halle, Magdeburg
131 Lüneburger Heide, Wendland
188 Mecklenburgische Seen
038 Mecklenburg-Vorpommern
033 Mosel
190 München
047 Münsterland
015 Nordseeküste Schleswig-Holstein
006 Oberbayern
161 Odenwald, Heidelberg
035 Osnabrücker Land, Emsland
002 Ostfriesland, Oldenburger Land
164 Ostseeküste Mecklenburg-Vorpommern
154 Ostseeküste Schleswig-Holstein
136 Pfalz
040 Rhein zw. Köln und Mainz
185 Rhön
186 Rügen, Usedom, Hiddensee
137 Ruhrgebiet
149 Saarland
182 Sachsen
081 Sachsen-Anhalt
117 Sauerland, Siegerland
159 Schwarzwald Norden
045 Schwarzwald Süden
018 Spreewald, Lausitz
008 Stuttgart, Schwäbische Alb
141 Sylt, Amrum, Föhr
142 Teutoburger Wald
170 Thüringen
037 Weserbergland
173 Wiesbaden, Rheingau

BENELUX
156 Amsterdam
011 Flandern, Brüssel
179 Niederlande

FRANKREICH
177 Bretagne
021 Côte d'Azur
032 Elsass
009 Frankreich Süden Okzitanien
019 Korsika
071 Normandie
001 Paris
115 Provence

GROSSBRITANNIEN/IRLAND
187 Irland
130 London
189 Schottland
030 Südengland

ITALIEN/MALTA/KROATIEN
181 Apulien, Kalabrien
017 Gardasee, Trentino
110 Golf von Neapel, Kampanien
163 Istrien, Kvarner Bucht
128 Italien, Norden
005 Kroatische Adriaküste
167 Malta
155 Oberitalienische Seen
158 Piemont, Turin
014 Rom
165 Sardinien
003 Sizilien
140 Südtirol
039 Toskana
091 Venedig, Venetien

GRIECHENLAND/ZYPERN/TÜRKEI
034 Istanbul
016 Kreta
176 Türkische Südküste, Antalya
148 Zypern

MITTEL- UND OSTEUROPA
104 Baltikum
094 Danzig, Ostsee, Masuren
169 Krakau, Breslau, Polen Süden
044 Prag
193 St. Petersburg

ÖSTERREICH/SCHWEIZ
192 Kärnten
004 Salzburger Land
196 Schweiz
144 Tirol
197 Wien

SPANIEN/PORTUGAL
043 Algarve
093 Andalusien
150 Barcelona
025 Gran Canaria, Fuerteventura, Lanzarote
172 Kanarische Inseln
124 Madeira
174 Mallorca
007 Spanien Norden, Jakobsweg
118 Teneriffa, La Palma, La Gomera, El Hierro

SKANDINAVIEN/NORDEUROPA
166 Dänemark
153 Hurtigruten
029 Island
099 Norwegen Norden
178 Norwegen Süden
151 Schweden Süden, Stockholm

LÄNDERÜBERGREIFENDE BÄNDE
123 Donau – Von der Quelle bis zur Mündung
112 Freiburg, Basel, Colmar

AUSSEREUROPÄISCHE ZIELE
183 Australien Osten, Sydney
109 Australien Süden, Westen
195 Costa Rica
024 Dubai, Abu Dhabi, VAE
160 Florida
036 Indien
027 Israel, Palästina
111 Kalifornien
031 Kanada Osten
191 Kanada Westen
171 Kuba
022 Namibia
194 Neuseeland
041 New York
184 Sri Lanka
048 Südafrika
012 Thailand
046 Vietnam